パリのノートル・ダム

la cathédrale Notre-Dame de Paris

パリのノートル・ダム

馬杉宗夫

八坂書房

凡例

図版の解説（キャプション）は間違いやすい箇所を除いて、「パリのノートル・ダム大聖堂」の名称を省略した。

本書で用いた主な略号は、以下の通りである。

『　』　書名、作品名　《　》　聖書に表れる主題

「　」　引用、強調することば、及び聖書に表れる各章など

仏＝フランス語　英＝英語　西＝スペイン語

独＝ドイツ語　羅＝ラテン語

パリのノートル・ダム

目次

C1　パリのノートル・ダム大聖堂西正面

C2　北側袖廊のバラ窓

C3　南側袖廊のバラ窓

C4　セーヌ川側から見たパリのノートル・ダム大聖堂（南側）

C5　西正面最後の審判の扉口タンパン部分

序

ある国の首都が、その国の国民的、精神的な生活の中心となり、さらには全世界の文明の中心となった例は、古代ローマと、現代のパリ以外にはない、と『フランス文化論』を書いたクゥルツィウスは言う。しかし、ローマは権力と支配という概念で築かれた永遠の都市であるのに対し、パリは、力という男の意志によるのでなく、文明化された世界の趣味という形で表われた女性的魅力で征服した世界の華《はな》の都となったのである。

パリといえば、なによりも洗練化された都というイメージが強い。一九世紀末から芸術家たちの憧れの街になり、常にファッション界をリードし、グルメ（食通）たちをうならせる多くの料理とレストラン。確かにパリのこうした文化的支配は、ローマに比べると、歴史的には比較的最近の現象である。しかし、パリは、いかにして文化的支配者の地位を獲得していったのであろうか。

しばしば、パリがヨーロッパの中で占める地理的位置の優越性が語られてきた。セーヌ河、マルヌ河、オワーズ河の三流域が合流していること、道路建設と農耕に適した広大な平野に近いこと、家屋建築に適する岩石を産出すること、などがそれである。しかし、これらの地理的要素は、古代都市ルテティア（パリの旧名）の成立の説明になっても、パリが文明の中心地になっていった説明にはならない。

メロヴィング王朝時代（四八六―七五一年）、カロリング王朝時代（七五一―九八七年）には、パリはまだ重要な役割を持っていなかった。しかし、パリは、徐々に成長を続けていた。パリの最初の司教聖ドニのために建てられた聖堂と、その町（サン・ドニ）は、ダゴベール王（六〇〇ごろ―三九年）のもとで繁栄していた。ダゴベール王によって創設されたサン・ドニの大市は、当時の経済、文化のなかで重要な意義を持っていた。パリから、北のサン・ドニの地に至る街道は、商人や巡礼者などの旅人でにぎわっていった。それが今日パリ市の中心シャトレから北に出ているサン・ドニ街である。

しかし、一一世紀には、パリは、数ある都市のなかで、いまだ河川の中心部に位置する小都市にすぎなかった。カペー王朝（九八七年ユーグ・カペーによって創設）の首都に選ばれたものの、ロワール河に面し、パリと同様に貿易の要所で、文化の中心地であったオルレアンを凌ぐことはできなかった。人口と富の点では、当時のパリは、なおラン、コンピエーニュ、ソワソンの諸都市を凌駕していなく、実際、カペー王朝の二代目の王ロベール（九九六―一〇三一年）は、オルレアンを王国の首都にするつもりであった。しかし、フィリップ一世（一〇六〇―一一〇八年）以来、パリのシテ島の宮殿（パレ・ド・ラ・シテ）が国王の定住地となり、フィリップ二世オーギュスト（一一八〇―一二二三年）はパリ市の発展に努めたのである。彼は城壁を作り、街路の舗装を行い、市政を整理した。

パリの真の発展は、一二世紀に始まる。そこには、大きく三つの要因が考えられている。まず一つは、サン・ドニ大市以外に、もっと北のシャンパーニュ大市の飛躍的発展に連動したセーヌ河の交通の発達があったこと。ローマ帝国時代の「船員組合《ナウタエ・パリシキア》」の伝統は、中世の「パリジイの水路商人」へと受け継がれ、一二世紀以降には、その帆船がパリ市の紋章になったのも、まさにセーヌ河を中心とする交通の発展を物語っている。

第二は、教育機関の飛躍的発展により、パリには多くの聴衆が集まってきたことである。学校は伝統的には大聖堂（カテドラル）の付属施設であり、大聖堂参事会の一員である神学教授の手で運営されていた。貨幣の普及のおかげで、一般の人と同様に、学生たちも自由に旅行し、都市の新しい地区に住むようになった。パリには、アベラールのような著名な哲学者が講義をし、地方からの学生たちを集めた。大学も創設され、そこでは一万五〇〇〇人もの学生を収容していた。

第三は、やはりカペー王朝の首都としてパリが選ばれたことがあげられる。それぞれの王により、パリへの力の入れかたは違っていたが、この地が最良の狩猟場であったことから、徐々に王たちの好みの滞在地になっていった。そして、はやくも一三世紀には、パリは、フランスの他の大きな諸都市よりも、五、六倍も人口の多い過密都市に発展していたのである。

一二、一三世紀は、フランスと、その首都パリの最盛期であった。当時、人びとは、パリを、快楽の都とか、人民の悦びと呼んだ。パリはフランス史の中心となり、ヨーロッパ文化の中心地となったのである。

その一二、一三世紀に、まさにパリの象徴のようになった現在のノートル・ダム大聖堂の建造が始まった。

華のノートル・ダム。それは、まさにパリの歴史とともに生き、そしてその栄光の歴史を見続けてきたのである。

Ⅰ　歴史としてのノートル・ダム

1　歴史としてのパリ

華の都パリ。ヨーロッパのみでなく、世界中の人びとの憧れの都。その歴史は、街中を流れるセーヌ河と、その真ん中の島シテ島とともに始まる。

紀元前二五〇年ごろ、パリジイ族と呼ばれるガリアの漁民たちは、セーヌ河の一番大きな島、すなわち今日のシテ島に、彼らの住居を持ちはじめた。その地は、「ルテティア」と呼ばれた。当時フランス（ガリアと呼ばれていた）の地は、ケルト人によって支配されていたが、「ルテティア」とは、ケルト語で「水の真ん中での住居」を意味していた。

紀元前五二年に、「ルテティア」は古代ローマの軍団により征服され、河川輸送に従事する古代ガリア・ローマの小都市になっていった。今日パリ市の紋章になっている帆船（そこには、「波に揺らぐとも沈まず」とラテン語で記されている）は、河川運輸に専心していた当時のルテティアの住民の活躍を想起させている（図1）。

1　パリ市の紋章

ガリア人たちは、主としてシテ島に住んだが、ローマ人たちは、セーヌ河の左岸に彼らの集落を発展させていった。現在クリュニー美術館の一角にある共同浴場跡や、地下鉄モンジュ駅の近くにある円形闘技場跡などは、当時の名残りである。三世紀には、小都市ルテティアの人口は、約六〇〇〇人ぐらいだったといわれている。

一七七一年に、現在のノートル・ダム大聖堂の内陣の下から発掘された浮彫り群は、古代ガリア・ローマ時代の貴重な記念碑である。それらは、現在、パリ市内のクリュニー美術館（現・中世美術館）に保管されている。それらの一つの角柱の四面には、ジュピター、ヴォルカン、という古代ローマ神話の神々と、エスス、タルヴォス・トリガラヌス（三羽の鶴を持つ雄牛）というガリアの神々とが、同時に表現されている（図2）。

他の一つの角柱（四人の神々の祭壇と呼ばれていた）にも、ローマ神話の神ポルクスと、カストールと、ガリア神話の神チェルヌーノス（鹿と森の神）と、蛇を殺しているスメルトとが結合されている。ここでは、見事に、古代ローマと、ガリアとが共存している。ガリアの地を征服した古代ローマ人たちは、巧みにガリア人たちを同化していたのである。実際、ガリアの地は、五〇〇年もの間ローマの一州だった。

三つ目の角柱の断片は、より興味深い。その一面には、皇帝ティベリウス（在位一四―三七年）に、パリの航海者たちによって、この碑が捧げられたことが記されている。他の面には、ガリア人の盾を持った人物たちが並んでいる。それゆえ彼らは、パリの航海者たちのために働いていた傭兵と推測される。パリの航海者たちは、このような碑を皇帝に捧げ、自分たちの航海の安全のために傭兵を雇うだけの力をもっていたのである（図3）。

しかし、ローマとガリアの平和は、蛮族の侵入によって脅かされた。紀元二八〇年ごろ、セーヌ河左岸のルテティアは、多かれ少なかれ破壊され、そこの住民の大部分は、シテ島の城壁の内部に追いやられた。ルテティアを最も愛していたガリア総督ユリアヌスは、「木造の二つの橋の両側からでしか

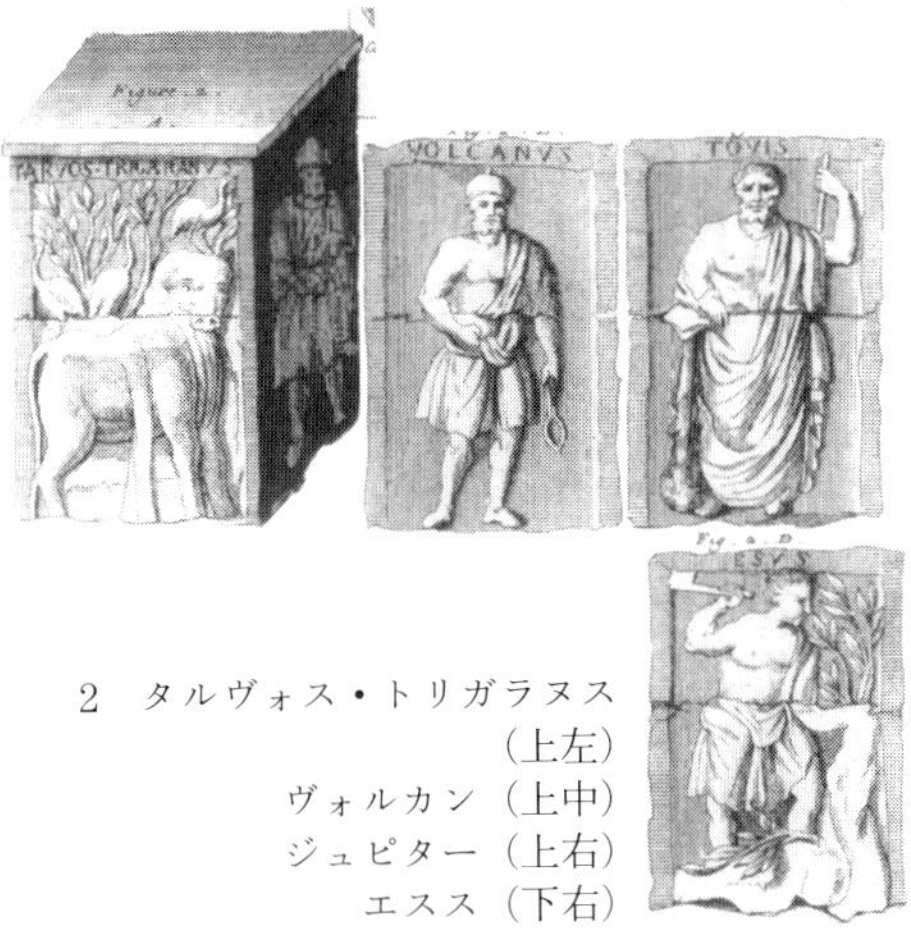

2　タルヴォス・トリガラヌス（上左）
ヴォルカン（上中）
ジュピター（上右）
エスス（下右）

3　パリの傭兵

近づくことのできない」縮小された都市しか支配できなくなっていた。しかし、三六〇年に、彼はこの地でローマ皇帝に任命されるのであり、その時、ルテティアは、そこの住民であったパリジイ族の名前から、パリという名前に変えられた。

四五一年には、フン族の王アッチラが、七〇万もの軍団をひきつれ、ライン河を渡り、まず北のランの町を征服し、パリに迫って来た。パリの人びとはパニック状態になり、町から逃げ始めた。その時現われたのが、若き聖女ジュヌヴィエーヴであった。彼女は人びとを静め、町を混乱から救った。フン族は、パリから、南のオルレアンに向って行ったのである。

その一〇年後、シテ島は、今度はフランク族によって包囲され、人びとは飢餓におちいった。この時も町を救ったのは、聖女ジュヌヴィエーヴであった。彼女は敵の監視をのがれ、パリの北のシャンパーニュ地方で食糧を調達し、奇跡的にも、無事にパリに帰ってきたのである。聖女ジュヌヴィエーヴは、パリ市の守護聖徒とされたのである。

西ローマ帝国の滅亡（四六七年）後、ガリアの地は、蛮族の王たちの群雄割拠状態であった。そのなかで、フランク族の首長クロヴィスは、速かにガリアで他の蛮族を制圧した。彼はメロヴィング王朝（在位四四八―四五八年のフランク王メロヴェの名に由来し、四八六年のクロヴィスの即位に始まり、七五一年まで続いた）の首都をパリに定め、「シテ島」と名付けた島を本拠地としたのである。時は五〇八年であった。

フランク王クロヴィスが歴史的に重要なのは、彼がキリスト教に改宗したことである。確かに、彼以前に、ブルグンドや西ゴートの王たちも、キリスト教徒になっていた。しかし、彼らはアリウス派の教義を受け入れ、聖三位一体においては、父と子は明らかに二つの別な本性を持っていると信じていた。彼らにとっては、キリストは人間でもなければ、神というわけでもなかったのである。キリストを半神と見なすこうしたアリウス派の考えは、三二五年のニケーア公会議で異端とされ、三八一年のコンスタンティノープル公会議で、最終的に異端として確立されていたのである。

クロヴィスは、ローマ教会（カトリック）に帰依していたクロティルドと結婚し、妻の影響下に洗礼を受けた。すなわち彼は、三位一体論者の司教たちの全面的な信頼を得たのである。ローマ・カトリックとの共存一致、という考えがフランク王国の運命を決めてしまった。それ以来フランク王国とローマ・カトリック教会とは、お互いを助け合い、お互いの力を強化していく関係を作りあげていくのである。

2　歴史としてのノートル・ダム大聖堂

ルテティア（パリ）におけるキリスト教の浸透は、いかに行われたのであろうか。

パリの最初の司教は、聖ドニである。トゥールのグレゴリウスによれば、彼は三世紀中ごろ、ローマ教皇ファビアヌスにより、ガリアの地を改宗さすべく派遣され、二八〇年ごろ、パリの地で首を切られ殉教した。聖ドニの物語は、伝説と真の歴史とが混じり合い、曖昧な部分が多い。しかし、キリスト教が公認（三一三年）される以前の彼の時代のパリは、前述のように、古代ローマやケルト（ガリア）の神々が崇拝されていた。聖ドニが首を切られたというモンマルトルの丘（Mont des Martyrs殉教者の丘の意）は、かつては古代ローマの神メルキュールに捧げられていたのである。

しかし、聖ドニの遺骸は、パリ北郊外の地（現サン・ドニ）に移され、そこに彼に捧げられた聖堂が建てられた。その聖堂は、フランク族の歴代の王の埋葬教会となり、発展をとげていった。特に、修道院長シュジェール（在任一一二二―五一年）の時代に聖堂は拡大され、ゴシック美術発祥の地として重要な役割を演じたのである。

ところが、パリ市内には、聖ドニに捧げられた聖堂は、現存していない。パリ市内に彼の名前をとどめているのは、聖ドニ通りである。この通りは、パリの中心部一区のシャトレ広場から、北側の一〇区の北駅を横切ってラ・シャペルに至るまでの長い路である。かつて交通で混乱する聖マルタン通りを二重にするために開かれた道であったが、またたく間に、パリで最も商売でにぎわう、人通りの多い道になっていった。かつては、売春婦たちの立っている通りとして有名であり、サン・ドニといえば、パリ郊外の聖堂を想起する人よりもこの通りを想起する人の方が多いのは皮肉である。

シテ島にキリスト教が根を下すのは、四世紀ごろと推測されている。キリスト教公認（三一三年）以降、シテ島には司教がいたし、三六二年以降にシテ島で開かれた公会議では、聖三位一体論を否定するアリウス派は異端とされた。大聖堂は、その時、古代の城壁に囲まれ、現在の場所にあった。

通常大聖堂（カテドラル）は、それに付属する建物を持っている。洗礼の儀式のための洗礼堂、儀式を司る司教や司祭たちの住居である司教館（Domus episcopi）、病人や恵まれない人びとを庇護するための建物、施薬院などである。パリの場合、文献により、施薬院と洗礼堂があったことが知られている。大聖堂は、考古学的発掘により、その全貌が明らかになりつつある。

一八四七年、一九〇七年、一九一四年、一九六二年と四回にわたる発掘は、次のようなことを明らかにした。もともとの大聖堂は、現在の大聖堂の西正面の前庭の三五メートル先に西正面部があった。内部は五廊式に分割され、中央身廊の幅は一〇メートル、内側の側廊は五メートル、外側の側廊は三・五メートルあった。全長は、両者ともに五廊式バシリカ聖堂のローマの旧サン・ピエトロ聖堂（一〇〇メートル）や、ラテラノのサン・ジョヴァンニ聖堂（七五・五メートル）との比較から、七〇メートルぐらいあったものと推測されている。とすれば、その東端の部分は、現在の大聖堂の三番目の梁間《トラヴェ》（柱と柱の間の空間）の下にあったことになる。この聖堂は、すでに、ローマの旧サン・ピエトロ聖堂を想起させるような、広大なスケールを持っていたのである。発掘で出土した大理石の円柱や、アカンサスの柱頭彫刻、さらにはモザイクの断片などは、この聖堂の豪華さをかいま見せてくれるのである。

しかし、ガリアの地では例外的に壮大なこの聖堂は、いつごろ建造されたのか不明である。一九世紀中ごろの基礎工事の発見以来、それはメロヴィング王朝時代（四八六—七五一年）に属する聖堂といわれてきた。またそれは、フランク王チルデベール（五五八年没）の支配下に遡るものと考えられた。しかし最近、ブランデンブール氏は、出土したモザイク断片などは、四世紀という年代と矛盾し

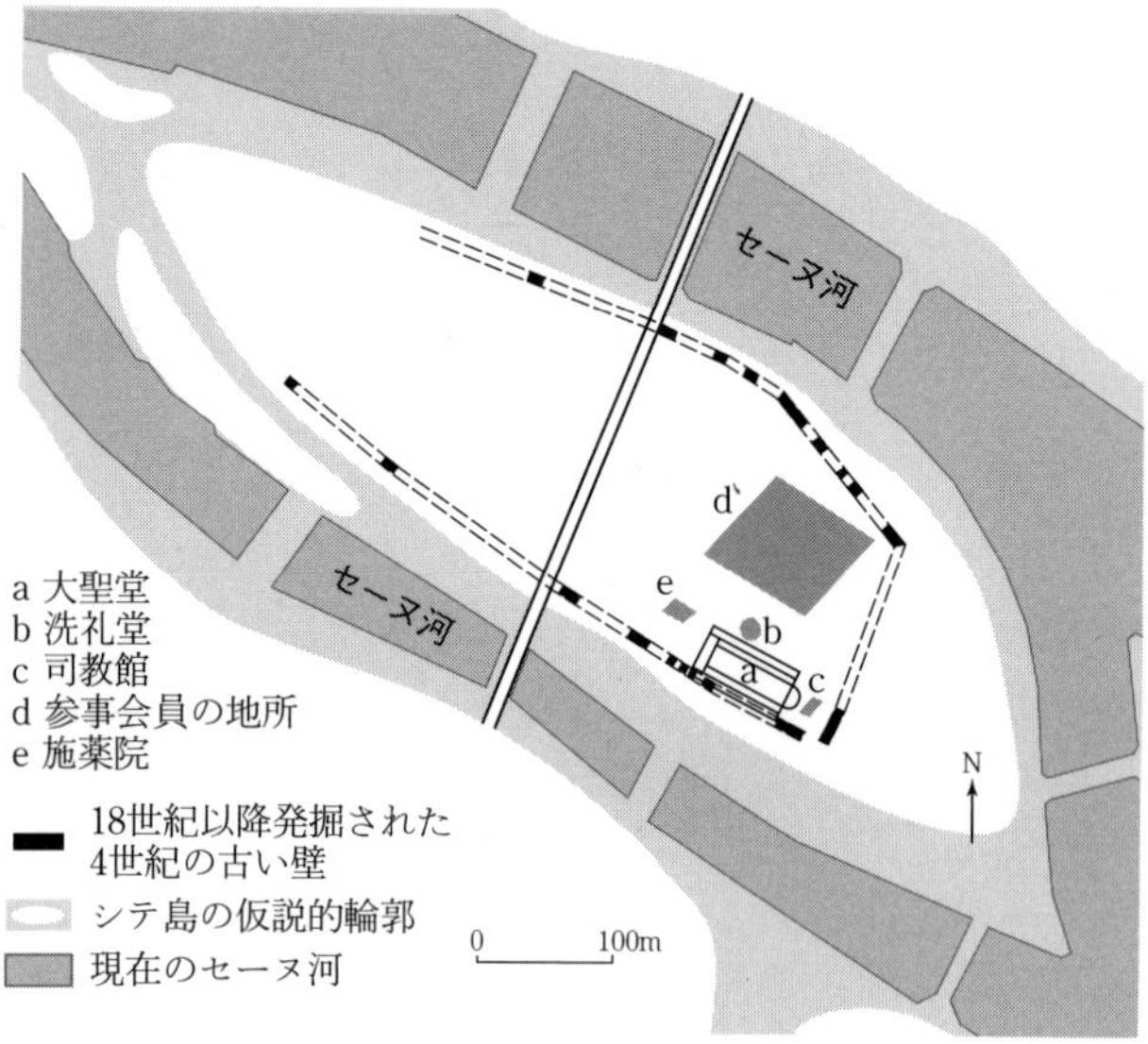

4　四世紀のシテ島（ブランデンブール氏による）

ないことから、一八四七年に発見された大聖堂の根跡は、司教プルデンティウスのもとで、三七五年と三八〇年の間に言及された大聖堂であることを主張している。

洗礼堂は、一七四八年まで、大聖堂の北側にあった（図74の左端）。修道院長ルブッフは、それを一七世紀の扉口を持った一三世紀の建物とした。しかし、ジュヌヴィエーヴの死（五一二年）後すぐに編纂された『聖女ジュヌヴィエーヴの生涯』の著者は、四五一年のフン族の王アッチラによるパリ侵略の時、彼女は、神の仲介を嘆願するために、パリの女性たちとともに、この建物の内部に避難したことを語っている。それゆえ、この建物は、一三世紀に、たぶん新しい大聖堂の建造の次に、再建されたのである。その場所は同じ所、すなわち、古い大聖堂の北壁のほとんど真ん中ぐらいにあった。

司教館は、大聖堂の東端と城壁の間に、施薬院は、大聖堂の前庭にあった（図4）。しかし、七世紀末ごろに、シテ島の中に、聖ステファヌス（仏語でエティエンヌ）に捧げられた聖堂があったことが知られている。それゆえ、その聖堂が旧大聖堂であったのであろうか。またノートル・ダム（仏語でわれわれの貴婦人、すなわち聖母マリアのこと）の名前は、いつごろから大聖堂の名前として用いられ始めたのであろうか。

七七五年のシャルルマーニュ帝（カール大帝）の証書は、パリの聖堂を指し示すために、聖母マリア、聖ステファヌス、聖ジェルマンの名称を用いている。八一四年における敬虔王ルイの証書は、聖なる母なる教会は、聖なる神の母マリアと初殉教者聖ステファヌスの名誉において、と記している。これらの証書により、八世紀には、すでに聖母マリア（ノートル・ダム）に捧げられた聖堂があったことは理解される。しかし、当時のパリの主要な聖堂は、聖ステファヌスに捧げられたサンテティエンヌ聖堂であった。実際、八二九年にパリで開催された公会議は、サンテティエンヌ聖堂においてであったのである。

八五七年にパリはノルマン人の侵略にさらされた。その時、サンテティエンヌ聖堂は救われたが、ノートル・ダム聖堂は破壊された。その後ノートル・ダム聖堂は、より大きなスケールで再建され、サンテティエンヌ聖堂は、徐々にその権勢を失っていった。

ノートル・ダム第二聖堂は急速に再建され、一二世紀初頭には、「新しい聖堂 nova ecclesia」という名のもとに呼ばれ、他方、「古い聖堂 vetus ecclesia」となったサンテティエンヌ聖堂は、廃虚となっていた。しかし、このノートル・ダム第二聖堂については、詳しいことは知られていない。サンテティエンヌ聖堂の東側で、それとほとんど同じ軸線上にあったこと、一八五八年に行われた建築家ヴィオレ・ル・デュックによる発掘で、現在の内陣の下に、ノートル・ダム第二聖堂の東端の部分が発見されたことが知られているくらいである。今日、もはや何も存在していないのである。現在のノートル・ダム大聖堂（第三聖堂）の建造が進行するとともに、第二聖堂は、徐々に破壊されていったものと推測されている。

しかし、フランス王家、パリの伯爵、商人たちによる献金により、ノートル・ダム第二聖堂は、だんだんと豊かになっていき、ますます重要な聖堂になっていった。一一二三年にルイ六世は、屋根の維持のための基金を寄付した。少し後には、ステファヌスという名の副司教は、聖堂の修復や美化のために大金を奉献している。サン・ドニ修道院の西正面（一一四〇年）や内陣（一一四四年）を完成させたばかりの修道院長シュジェールは、一一五〇年ごろに、ノートル・ダム聖堂に、ステンドグラスを奉献した。それは、《聖母マリアの勝利》を表現した大きな絵ガラスで、特に青の色彩の輝きは素晴らしかったといわれている。その絵ガラスは、現在の第三のノートル・ダム大聖堂に移され、一八世紀中ごろまで大聖堂にあったのである。

一つ問題が残されている。パリの最初の大聖堂（カテドラル）は、聖ステファヌス（サンテティエンヌ）の名前を持っていたのであろうか。エミール・マールによると、中世においては、司教座聖堂（大聖堂、カテドラルのこと）は、唯一の聖堂に決められるのではなく、多くの聖堂に割り当てられた。

これらの聖堂は、しばしば三つであった。すなわち、一つは聖母マリアに捧げられ、洗礼堂は常に洗礼者ヨハネに、そして他の一つは、しばしば聖ステファヌス（エティエンヌ）に捧げられた。イタリアのカテドラル（大聖堂）が多数の聖人の名前をその聖堂名としたように、ガリアの大聖堂は、それを継承したのである。パリの大聖堂は、サンテティエンヌ（聖ステファヌス）、ノートル・ダム（聖母マリア）、サン・ジャン・ル・ロン洗礼堂、などの聖堂を含んでいたのである。

現在の第三番目の大聖堂は、一一六〇年ごろ（かつては一一六三年と断定されていた）、パリ司教モーリス・ド・シュリーによって建造され始めた。建造は東側の内陣から始まり、一一八二年に奉献された。ついで身廊は一一八〇年から始められ、司教モーリス・ド・シュリーの死の年（一一九六年）には、西側の梁間を除き、ほとんど完成された。

彼の後継者ユード・ド・シュリーは、一二〇〇年ごろ西正面ファサードの建造にとりかかり、一二二〇年には「王のギャラリー」の層まで、一二二五年にはバラ窓の層までが積み重ねられ、全体は一二五〇年に完成された。

全長一二七・五〇メートル、身廊の高さは三二・五〇メートル、その幅は一二・五〇メートルと、それまでにない壮大なスケールの大聖堂が完成した。そして、その大聖堂は、ノートル・ダム（聖母マリア）に捧げられたのである。

3　ノートル・ダムとは

ノートル・ダム（Notre-Dame・仏）とは、フランス語でわれわれの貴婦人を意味している。もちろん、聖母マリアのことである。すなわち、ノートル・ダム寺院とは、聖母マリアに捧げられた聖堂のことをいう。

ノートル・ダムといえば、パリ大聖堂の代名詞みたいになっている。しかし、フランスのゴシック大聖堂のほとんどは、ノートル・ダムに捧げられている。ラン大聖堂、シャルトル大聖堂、ランス大聖堂、アミヤン大聖堂、そのすべては、ノートル・ダムなのである。

西欧世界では、一二世紀の中ごろから、ノートル・ダム（聖母）崇拝の高まりをみた。直接的に神に祈るより、慈悲にみち、より親しみやすい聖母マリアに、神へのとりなしの役を懇願したのである。聖処女マリアの「神の母（テオトコス）」としての神学的・教義的確認が与えられたのは、四三一年のエフェソス（エペソ）の公会議においてである。

しかし、聖母マリアの生涯については、福音書には何も詳しいことは記されていない。福音書では、マリアへの大天使ガブリエルによるお告げ（「ルカ伝」一章二六―三八節）から始まるが、マリアが生まれてからヨセフと婚約にいたるまでの物語は、何も記されていない。それゆえ、人びとは、聖母マリアがいかにして生まれ、どうような幼年期を生き、いかにして婚約したのか、というような生涯を知りたくなる。そこで、正典（『旧約聖書』・『新約聖書』）に記されていない部分を補うために、正典としては認められていない外典（アポクリファ）というものが生まれてくる。

マリアの生涯の物語については、『ヤコボの原福音書』、『聖母誕生の福音書』などに記され、彼女が死後天使たちによって天国に運ばれ（《聖母被昇天》）、栄光の象徴である冠をさずかる（《聖母戴冠》）という物語は、一三世紀に、ヤコブス・ヴォラギネによって編纂された『黄金伝説』によって伝播していった。聖母マリアの誕生の物語はノートル・ダム大聖堂の「聖女アンナの扉口（西正面右側扉口）」の下層楣《まぐさ》部に表現され、《聖母被昇天》と《聖母戴冠》の物語は、「西正面左側扉口」のタンパンと楣部に表現されている。それゆえ、その物語は、そのところにゆずることにして、ここでは詳述しない。

マリアの「神の母（テオトコス）」として神性が認められた後、聖母マリアの絵画表現は、東欧ビザンティン美術ではかなり見られるようになった。それは、常に幼児キリストを抱いた《聖母子像》（図5）としてであった。そして、《聖母子像》のタイプも、大きく三つに分類され、聖画像論争終結の後（八四三年）のイコン（聖画像）や壁画などでその表現をみた。

しかし、西ヨーロッパ世界では、そうした独立した《聖母子像》の表現は、しばらく美術史上に登場しなかった。著者の知る最古の表現は、アイルランド写本の『ケルズ書』（八〇〇年ごろ）の中に現われている聖母子像である。ここでは、なお偶像表現にとまどいがあるかのように、写実主義を無視

6　《聖母子像》（『ケルズ書』、800年ごろ）

5　《聖母子像》（ロシア、1131年ごろ）

8　西正面右側の
聖女アンナの扉口の《聖母子像》

7『コデックス・クララモンタヌス』
の中の挿画《聖母子像》

した平面的で異様な聖母子座像である（図6）。歪んだ聖母の顔や、大人びた可愛い気のない幼児キリストの表情などに、当時の偶像に対するある種の拒絶反応みたいなものが感じられる。

文献的には、九四六年ごろ、聖母の彫像を造らせたことが知られている。それは、一二世紀に書かれた写本『コデックス・クララモンタヌス一四五 Codex Claramontanus 145』である。この中で、クレルモン・フェランの司教エティエンヌは、九四六年ごろ、書生アロームに、最初に人間の姿形をした聖母の彫像を造るように託したという。その像はフランス革命時に破壊されたが、一二世紀のその写本のなかに、玉座に坐る聖母子像が描かれている（図7）。

こうした二つの作品は例外的であり、西ヨーロッパにおいて、聖母像が多く制作されるようになるのは、一二世紀、ロマネスク美術においてであった。いわゆるニコポイア（勝利する者の意）形式という、「上智の座」としての玉座（椅子）に坐り、幼児キリストを膝の上に抱く聖母像である。一メートル足らずの木造による聖母像であるが、フランスでは中央高地オーヴェルニュ地方中心に、スペインではカタロニア地方などで、大量に制作された。これほど多くの《聖母子像》が表現された時代はほかにない。シャルトル大聖堂西正面扉口や、パリのノートル・ダム大聖堂西正面聖女アンナの扉口（図8）に、これと同じタイプの聖母子像がタンパン彫刻として出現してきたのも、まさに同じ時代だったのである。

4　ノートル・ダム（聖母）崇拝の高まり

一二世紀中ごろ、西ヨーロッパでは、聖母崇拝の高まりをみた。こうした多量の《聖母子像》の出現は、その反映であるし、ゴシック大聖堂の出現も、実は聖母崇拝と深いつながりがあったのである。というのは、ゴシック大聖堂は、ノートル・ダム（聖母）に捧げられるようになったからである。

聖母崇拝の高まりに貢献したのは、厳格なシトー派の聖ベルナルドゥス（一〇九一―一一五三年）といわれている。

西欧修道院運動は、六世紀に、モンテ・カシーノに最初に修道院組織を作ったベネディクトゥスとともに始まる。その会則は、またたくまに流布し、西欧の各地にベネディクト会の修道院はつぎつぎと創設されていった。会則は、一日のうちに定時に行う七回の祈り（精神修業）と労働とを中心に組織化されていたが、時とともに、その会則順守のゆるみが起り、ベネディクト会の改革運動が必要となっていった。その一つが、九一〇年に創設されたクリュニー修道院改革運動であり、他の一つが一〇九八年にモレムの修道院長ロベールによって創設されたシトー派だったのである。

新しいシトー派修道院は、クレルヴォ出身のベルナルドゥスが、一一一二年に入ってから飛躍的な発展をみた。彼は、ベネディクトゥスの会則の厳守をめざし、修道僧たちに厳しい戒律を課していった。一二世紀末には、シトー派の修道院は五三〇にも達し、西欧精神界を支配する一大勢力になっていたのである。そして、シトー派修道会は、聖堂をマリアの庇護のもとに置いたのである。

聖ベルナルドゥスは、なによりも福音の理想の素朴さへの復帰を説く。彼は、キリスト教思想をその根源的対象であるキリストの静観へ引き戻そうとする。

「わたしの哲学、それはイエズスを識ること、十字架のイエズスを知ることである」。

彼の聖母崇拝は、聖書のみにその根拠を持つのであり、聖書に記された聖母の行為や心に思いをはせ、その謙虚さや愛徳を学ぼうとしたのである。

「至福者、聖母よ。われわれは、あなたの慈悲について、決して語らないことはない。あなたの僕であるわれわれは、あなたと共に、あなたの完全さを喜ぶ。しかしあなたの至上の優しさこそが、個人的に、われわれに係わり合ってくるのだ。われわれは、あなたの処女性を称える。われわれは、あなたの謙虚さを称賛する。しかし不幸な人びとは、あなたの思いやりのある優しさに、より甘美な味わいを感じている。われわれは、愛にみちているあなたを抱きしめ、あなたのことを思い、いつもあなたに懇願するのである……」

しかしシトー派は、とりわけ聖ベルナルドゥスは、芸術を否定したのである。

彼は、クリュニー派の修道僧たちの贅沢さを非難した後で、

「私は教会堂の広大な高さや、並外れた長さや、その不必要な幅（実際クリュニー修道院聖堂は天井の高さ三〇メートル、全長一九一メートル、横幅二八メートルもあった）、さらには、豪華

な装飾や凝った絵画などについては語りたくない。それらは祈る人びとの視線をうばい、信仰のためのさまたげになるのだ」

と語る。さらに、

「貧しく生きるあなたたちにとって、聖堂の中で黄金は何になるのであろうか」、「虚栄のなかの虚栄、むなしさよりむしろこっけいである。教会堂の壁面は輝いているのに、教会の息子たちは裸のままになっている」

と続ける。そして、一一三四年に、ついに次のような法令を出す。

「われわれの聖堂の中で、または修道院の他の場所で、彫刻や絵画を制作することを禁止する。なぜなら、それらを見ている間、人びとは、しばしばすぐれた瞑想の有用性や、宗教的戒律を忘れがちであるからである。ここでは、ただ塗装された木の十字架だけが認められる」。

いくぶん、冗長気味に、聖ベルナルドゥスの言葉とシトー派の美意識を語ってきた。しかしここで気付かねばならないことがある。それは、一二世紀ロマネスク時代に多量に出現してきた《聖母像》や、一二世紀後半からの大聖堂のほとんどがノートル・ダム（聖母）に捧げられたという事実は、聖ベルナルドゥスの聖母崇拝とは深い因果関係がないのでは、ということである。偶像表現を否定する聖ベルナルドゥスにとって、木造聖母子座像こそ、まさに偶像ではなかったか。やはり、両者を結びつけるには、矛盾があるのである。彼らは、彼らの聖堂自身をマリアの庇護のもとに置いたにもかかわらず。

ジャン・マルカール氏によれば、聖母崇拝は、一二世紀初頭以来、ノルマンディ地方やブルターニュ地方方向から激しい勢いで北フランスに侵入してきたアイルランド系の信仰だったという。

五世紀中ごろ、アングロ・サクソン族の侵入により、ブリトン人たちは、アイルランドやブリテン諸島の辺境地に追いやられ、その一部は海を渡ってフランスの北西端の地ブルターニュに移住した。これらの地には、至る所に聖母に捧げられた聖地がある。ちなみに、ブルターニュ地方では、ロクマリア（Locmaria マリアの土地）という地名が多く見られる。それゆえ、これらの地で、いかに聖母崇拝がさかんであったのかが、かい間見られるのである。

そして、こうしたケルト的キリスト教の聖母崇拝は、東方とは無関係に、ケルトの地母神信仰から自発発生的に生まれたものとしたのである。

フランスの地で、早くから聖母マリアが最も崇められたのは、シャルトルの地においてである。伝説によれば、キリスト教以前から、今の大聖堂の地下祭室（クリプト）にある井戸（水）の近くで、子供を抱いた女性像を崇拝していたという。その像は、キリスト教化される以前のドリュイド教徒（ケルト民族）たちの大地の女神崇拝と結びついた像と推測されている。

しかし、シャルトルの地が、フランスにおける聖母マリア崇拝の中心地となったのは、九世紀末からであった。八七六年、時のフランク王禿頭王シャルル（カール二世）は、「聖母マリアの衣」の聖遺物を、シャルトル大聖堂に寄進したのである。「聖母マリアの衣」とは、マリアが、大天使ガブリエルから聖霊の子を身ごもることを告げられた時に着ていた衣とされている（一説ではキリスト降誕の時

9　シャルトル大聖堂

にまとっていた衣）。

コンスタンティノープルにあったこの聖遺物は、ビザンティン皇帝により、フランク王シャルルマーニュ帝（カール大帝）に贈られたものであった。大帝の孫にあたる禿頭王シャルル（カール二世）は、それをシャルトル大聖堂に与えた。それ以来、「聖母マリアの衣」の聖遺物を持つシャルトル大聖堂は、マリア崇拝の中心地になったのである（図9）。

「聖母マリアの衣」の聖遺物は、ドリュイド教以来聖地として巡礼者を集めていたシャルトルの地を、ますます有名にした。一二世紀初頭、ノジャンのギベールは、聖母マリアの名と同様に、シャルトルの聖母の衣の聖遺物は、ほとんど全ラテン世界において崇拝されていたことを記している。西欧世界においては、まずシャルトル大聖堂が、聖母崇拝の中心地になっていたのである。

一一九四年六月一〇日の夜から一一日にかけて、西正面部を残してほとんど焼きつくした大火から、幸いなことに、この「聖母マリアの衣」と、クリプトにあった「地下の聖母」像とは、奇跡的にも火災をまぬがれた。あらゆる地方からやって来た人びとは、住み家を失った聖母のために、より壮麗な「聖母マリアの宮殿」を再建するため、シャルトルに馳せ参じた。時はすでに新しいゴシック時代になっていたのである。この一三世紀の新しいシャルトル大聖堂とともに盛期ゴシック美術が開花していき、一二世紀の初期ゴシックとは違う新しい聖母崇拝の形をみるのである。

一二世紀の聖ベルナルドゥスによる聖母崇拝は、修業する修道僧たちの間に、聖母に深い思いをはせ、その謙虚さと愛徳を学ばせようというものであった。しかし、一三世紀ゴシック時代の聖母崇拝は、もはや修徳のための模範ではなく、庶民にさし向けられた神にとりなし役としての救済の役割が主となっているのである。台頭してきた庶民階級は、聖母マリアに、最後の審判における裁きに、神へのとりなしの役割をたくした。庶民に差し向けられた優しいまなざし、それこそが一三世紀ゴシック時代の聖母崇拝の真の姿なのである。

パリのノートル・ダム大聖堂西正面右側扉口（聖女アンナの扉口）から、左側扉口（聖母戴冠の扉口）に至る変化は、まさに一二世紀の精神から、一三世紀の新しいゴシックに向う方向性なのである（これについては彫刻の項で後述する）。

そして重要なのは、新しいゴシックの大聖堂は、そのほとんどが聖母マリア（ノートル・ダム）に捧げられたことである。ノワイヨン（一一五一年）、ラン（一一六〇年）、シャルトル（一一九四年）、ルーアン（一二〇二年）、ランス（一二一一年）、アミヤン（一二二〇年）など、これらすべての大聖堂は、ノートル・ダム大聖堂である。それゆえ、一二世紀後半から一三世紀にかけ、いかに聖母崇拝の高まりがあったのかがわかる。そして新しいゴシック時代の大聖堂（カテドラル、司教座聖堂）は、庶民に向けられた新しいノートル・ダム（聖母）崇拝のもとに、その建造熱をあおっていったのである。

5　大聖堂（カテドラル）とは

ここで大聖堂（カテドラル）について語っておかねばならない。大聖堂とは、大きな聖堂のことではなく、西欧言語のcathédrale・仏、cathedral・英、catedral・西、の訳である。すなわち、cathedra・羅（肘掛椅子）という司教の坐る椅子のある聖堂のことをいう。ドイツ語ではDom、イタリア語ではduomoなどの言語もあるが、それらはラテン語のdomus（家）から来た言語で、「神の家」を意味する。いずれにせよ、大聖堂（カテドラル）という場合、数ある聖堂建築のうち、司教の坐る椅子のある聖堂、すなわち、司教のいる司教座聖堂のことなのである。それゆえ、それは、通常司祭のいる教区聖堂や、修道僧たちの修業の場である修道院の中にある修道院聖堂とは、基本的に違うのである。

ローマ教会は、すでに五世紀に司教座となるべき都市を決定していた。それらの司教座都市は、当時経済的に発展していたイタリア側の南仏に集中していた。しかし、中世社会が社会的・経済的・精神的に発展しはじめた一二世紀には、これらの都市は大聖堂を建てる経済力を失い、逆に北のパリを中心とする地方に中心地が移っていった。

「大聖堂建設の歴史は、都市と商業活動の再生、市民階級の発生、都市の解放という社会現象と密接な関係を持っている」(J・ジャンペル)。

大聖堂は、なによりも大都市の庶民のための聖堂だったのである。それは、前時代ロマネスク時代の聖堂建築が、主として片田舎の修道僧のためのみの修道院聖堂を中心に展開したのと性格を異にしている。集団で修業する場である修道院は、なによりも俗世間から離れねばならなかった。それゆえ、修道院の場所として選ばれたのは、人里離れた山奥(ベネディクト派)や、深い森の中(シトー派)であった。

ところが、一二世紀中ごろから急激に発展してくる都市とそこに群がる庶民たちは、宗教界をも変えていった。彼らを集めて説教する場を必要としてきたのである。そのための空間が、都市の大聖堂であった。大聖堂は、その都市の象徴として、庶民の力に支えられながら建造されていった。大聖堂は、人びとの信仰の手助けをするのみでなく、彼らの日常生活(洗礼・葬式など)にまでたずさわっていった。

しかし、修道院組織のなかからも、こうした一般庶民の動きに対応していこうとする傾向が、一二世紀に現われる。

「僧院にとじこもり瞑想すべきか、それとも行動すべきか」

と、彼らは自問しはじめるのである。こうした修道院組織からの庶民への働きかけは、一三世紀初頭に、フランチェスコ派、ドミニコ派などの托鉢僧団で結実していった。彼らは積極的に街中に出、説教して歩いたのである。また、彼らの聖堂も、人びとを集めて説教しやすい「広間式聖堂」(ハーレン・キルヒェ Hellen Kirche) という形式を生んでいった。

このように、一二世紀後半から、一三世紀ゴシック時代には、すべての目が庶民に向けられていた。その代表的なものが大聖堂であったことはいうまでもない。都市の庶民とともに、庶民の力に支えられた大聖堂は、まさに彼らの都市の象徴として君臨していたのである。

パリのノートル・ダム大聖堂は、こうした一二世紀後半から、一三世紀に至る大都市の動きを、見事に具現しているのである。それは、一二世紀後半と、一三世紀の歴史を、先取りするかのように、その建築と彫刻のなかに表現している。西正面ファサードの比類なき均衡感のなかに、大聖堂内部のその荘厳な壁面構成のなかに、すべてが語られている。それらの細部を、順次解読していくことが、われわれに残されているのである。

Ⅱ　大聖堂としてのノートル・ダム

1　ノートル・ダムとゴシック建築

シテ島の中で、その島に冠を与えるかのように建つノートル・ダム大聖堂は、まさにパリの象徴である。パリを訪れた誰しもが、どこからか、大聖堂の勇姿を目にしているであろう。

左岸のサン・ミッシェル通りを下り、セーヌ河にたどり着けば、右手にその勇壮な西正面部がのぞいてくる。西正面（ファサード）の比類なき均衡感は、他の大聖堂には見られない。大聖堂の最も特徴的な部分である西正面の双塔は、尖塔にならず、矩形のまま終っている。それゆえ、正面部の二基の塔（双塔）は上昇感をもたず、ゴシック大聖堂にはめずらしい地上的な安定感がある（図10・C1）。

その安定感は、中央のバラ窓を中心に貫かれている左右相称性からきている。バラ窓の上部を頂点として、左右扉口の底辺の両端を結ぶと、ほとんど正三角形に近い図形が生まれる。これも安定した正面部を構成する要因の一つである（図11）。

水平的分割線についていえば、「王のギャラリー」の上部の水平線と、双塔の基部の水平線とが、全

10　パリのノートル・ダム大聖堂西正面（1970年代）

体をほぼ等しく三等分している。それがなによりも全体の水平的安定感に寄与している。扉口を三分している垂直的なバットレス（扶壁）は、水平的分割線を分断することなく、伸びている。見事なまでの水平線と垂直線の間の調和である。ここで実現されているのは、調和であり、均衡である。

　われわれは、ここで、改めてゴシックという概念に再考を強いられる。われわれは、ゴシックといえば、尖塔に代表されるように、すべてが上昇感にみちた尖った形態を想起しがちである。確かに、三つの扉口のアーチや、バラ窓の左右のアーチなどは、尖頭形になっている。前時代のロマネスク建築で多用された半円アーチは、もはやどこにも見られない。しかし、こうした個々の尖頭形アーチを越え、全体を貫いているのは、見事なまでの、水平線と垂直線の均衡感であり、両者の間の調和である。それが、パリのノートル・ダム大聖堂をして、ゴシック建築らしからぬ感じを与えるのである。

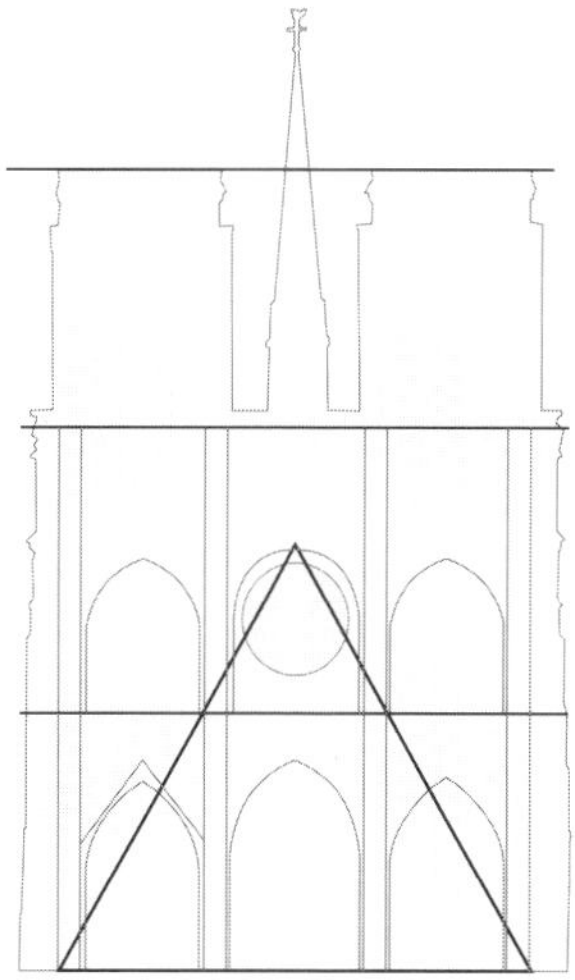

11　均衡感にみちた西正面

　「ゴシック」という概念を最初に使ったイタリア・ルネサンス期のヴァザリー（一五一一―七四年）にとっては、それは「秩序の概念のない、むしろ無秩序」なもので、調和の概念のないものであった。あくまで人間があらゆるものの尺度であったイタリア・ルネサンス期の人びとにとっては、一見、人間的な尺度を越えて天高く伸びるゴシック大聖堂は、秩序の概念のない粗野な建築に見えたのである。

ところが、一三世紀盛期ゴシック時代の神学者トマス・アクィナス（一二二五―七四年）は言う。

「美は、種々異なったものの調和にある」。

実際、一二世紀中ごろフランスで芽生え、一三世紀前半に盛期を迎えたフランス・ゴシック建築は、極端を嫌い、調和の概念に貫かれているのである。

ヴァザリーは、ゴシック建築を、ドイツ様式maniera tedescaと呼んだ。彼にとってのゴシックとは、ドイツ・ゴシックだったのである。ドイツ・ゴシック建築は、フランス・ゴシック建築の影響下に、一二四〇年代から展開していく。しかし、その時代には、フランス・ゴシック建築は、すでに最盛期を迎え、パリ大聖堂をはじめ、ラン、シャルトル、ランス、アミヤンと、重要な大聖堂のほとんどは、すでに地上にその姿を現わしていたのである。

確かに、ドイツにおける最初の本格的ゴシック大聖堂といわれているケルン大聖堂（一二四八―一八八〇年）は、アミヤン大聖堂を原型として始められた。しかし、ケルン大聖堂は、フランス・ゴシックに比べると、はるかに垂直的上昇感が強い。西正面の双塔も、尖塔形式で高く伸び、その上昇感をさえぎる水平的な分割線はない（図12）。

ところがフランス・ゴシック建築は、なによりも、調和（concordance）と、明証性（manifestation）を求めている。調和の概念は、水平線と垂直線との間の比類なき均衡感のなかにある。これは、西正面（ファサード）に見られるのみでなく、内部の壁面構成のなかにも見られる。決して、一方の極端

12　ケルン大聖堂（ドイツ）

な方向性へと走らないのである。

明証性は、フランス・ゴシック建築の明快な構造論理のなかに見ることができる。たとえば、天井を支えるアーチ（リブ）の数と、それを支える柱の本数とは一致している。それゆえ、パリ大聖堂のような初期ゴシック建築の六分肋骨穹窿だと、天井のアーチを受ける柱は、五本、三本、というリズムを生む（図13・14）。それが盛期ゴシックの四分肋骨穹窿になると、天井のアーチを受ける柱は、すべて五本と統一されてくる。それゆえ、プラン（平面図）を見れば、天井構造がわかるのである。実にわかりやすい構造論理である。

実際、数ある大聖堂のなかで、パリのノートル・ダム大聖堂の西正面ほど、調和にみちたものはない。一一六〇年ごろ、司教モリス・ド・シュリーの時代に内陣から始められた新しいノートル・ダム大聖堂は、確かに初期ゴシック時代に属している。それゆえ、なお前時代のロマネスク美術の伝統のなかで、新しい試みがなされたのである。西正面双塔が矩形なのも、水平的分割線が強いのも、前時代の名残りであろう。

しかし、ロマネスク最大のクリュニー修道院聖堂を除き、ロマネスク時代になかった巨大なスケールで始められたのである。全長一三〇メートルは、クリュニー修道院聖堂の一八一メートルを凌駕していない。しかし、天井の高さは三二・五〇メートルに達し、クリュニーの三〇メートルを越えている。やはり、ロマネスク聖堂になかった高さを求め始めているのである。

パリのノートル・ダム大聖堂以降、シャルトル大聖堂は三六・五六メートル、ランス大聖堂は三

13　天井の六分肋骨穹窿（ラン大聖堂）

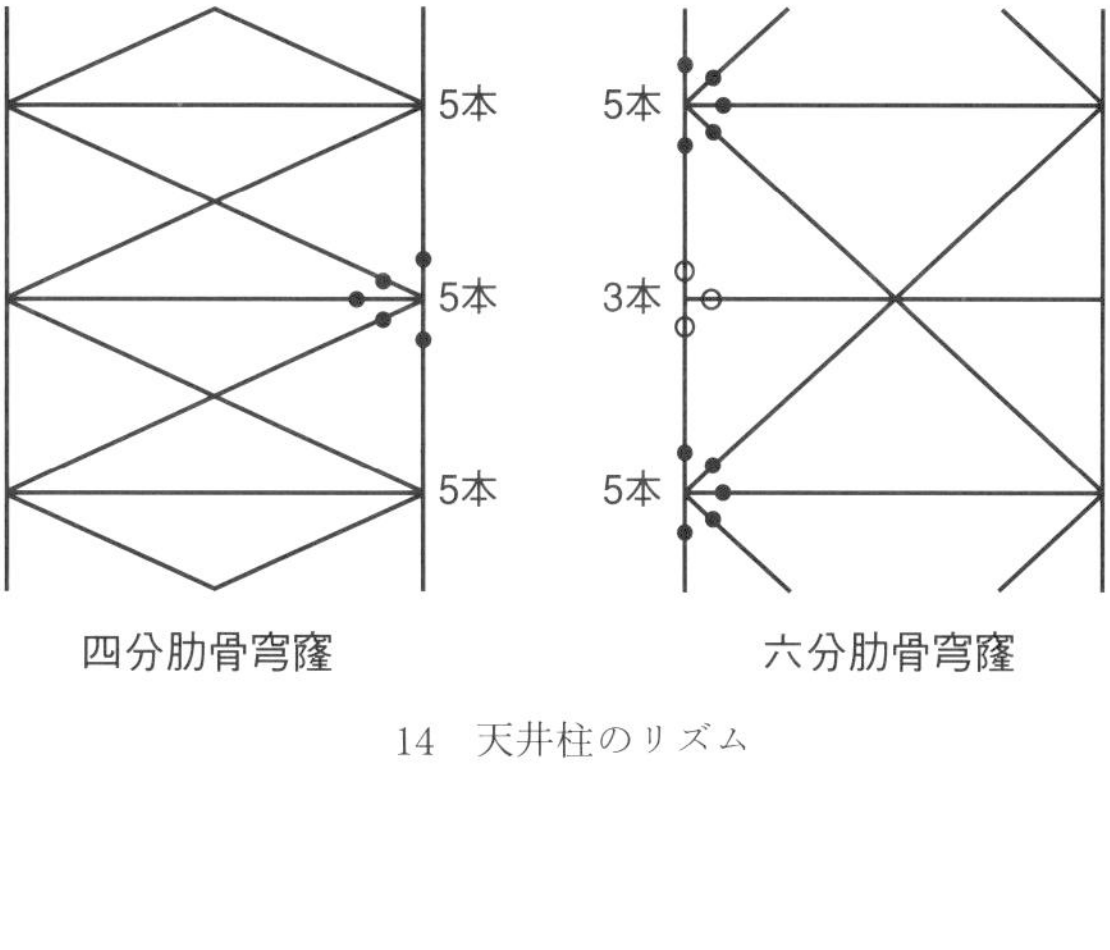

14　天井柱のリズム

七・九五メートル、アミヤン大聖堂は四二・三〇メートル、ボーヴェ大聖堂は五一メートルと、ゴシック大聖堂は、高さを競いあった。確かにロマネスク聖堂にない高さを、ゴシック大聖堂は築いた。しかし、前述のように、そこに水平的なバランスを加えることを、フランス・ゴシック建築は忘れていなかったのである。

ノートル・ダム大聖堂には、ロマネスク時代になかった、他の革新もなされている。西正面（ファサード）でいえば、「バラ窓」と「王のギャラリー」という新しい要素がつけ加えられている。バラ窓は、サン・ドニ修道院西正面で最初に現われた（一一四〇年）のであるが、王のギャラリーは、ノートル・ダム大聖堂で最初に現われた。ロマネスク聖堂に存在しなかった「バラ窓」と「王のギャラリー」は、後のゴシック大聖堂の西正面には、必ず出てくる要素となるのである（両者ついては後述する）。

ノートル・ダム大聖堂の他の革新は、建物の外部から、くもの脚に似た感じで支えている飛梁（フライング・バットレス）である。飛梁は、天井のアーチの横圧力を、外部から支える。ゴシック建築は、尖頭アーチ、肋骨穹窿（リブ・ヴォールト）、飛梁という三つの技術的要素を用い、高い空間を築きつつ、かつ壁面を窓に開放するという離れ業をなしとげたのである。この飛梁が最初に現われたのが、パリのノートル・ダム大聖堂である（一一八〇年代）。

特に東側から見たノートル・ダム大聖堂の飛梁の姿は素晴らしい。ノートル・ダム大聖堂の東側の庭に接続しているラルシュヴェシェ（大司教館）橋から、さらにそれより一つ東側の、サン・ルイ島にかかるトゥルネル（小塔）橋、さらにサン・ルイ島内のオルレアン河岸からながめる外陣の部分も、ノートル・ダム大聖堂の均衡感を見事なまでに具現している（図15）。交叉部に立つ高い尖塔を中心に、左右相称的に長い脚を広げている飛梁。こんなに長く突出したアーチ状の飛梁はめずらしい。建物の左右に長く伸びている飛梁は、古代のガレー船の櫓《ろ》を想起させる。ノートル・ダム大聖堂は、シテ島に浮かぶ大きな船なのである。実際、大聖堂内部の身廊は、ネフnef・仏、ネイヴnave・英、というが、それは、ラテン語のナヴィスnavis（船）からきているのである。パリの心臓部を流れるセーヌ河に浮かぶ大きな船。それがノートル・ダム大聖堂である。パリ市の象徴としてセーヌ河に浮かぶ帆船が描かれているように、まさにノートル・ダム大聖堂は、パリ市の船員たちの不動の帆船であり、彼らの旅のランドマークになっていたのである。

しかし、ノートル・ダム大聖堂は、単にパリ市の船員たちだけのものでなかった。それは、シテ島の、パリ市の象徴として、パリの長い歴史をながめてきたのである。時には一六世紀の宗教戦争や、一八世紀のフランス革命などの破壊の時代もあった。しかし、ノートル・ダム大聖堂の勇姿は、パリの、そしてフランスの象徴として、いつも人びとに愛されてきたのである。

2　プラン（平面図）から見たノートル・ダム大聖堂

ゴシック大聖堂は、それぞれの顔を持っている。西正面部、天井構造、壁面構成、などのあらゆる

15　東側から見た外陣部分

細部に関してもそうであるが、全体の形を表現するプランもそうである。

プラン（平面図）は、地面に投影された全体の構造を知らせてくれるのみならず、西正面から祭室のある東端へ向う方向性や、天井構造なども知らせてくれる。建築を理解するためには、西正面（ファサード）、壁面構成（エレヴェーション）とともに、プランは重要な要素の一つなのである。パリのノートル・ダム大聖堂のプランを見てみよう（図16・付録1）。それは、いわゆるバシリカ形式の典型であるラテン十字形ではない。十字の枝が突出していないのである。

他方、ノートル・ダム大聖堂と同時代のラン大聖堂のプランでは、十字の枝が極端に突出しているのがわかる（図17）。ゴシック大聖堂のプランには、このように十字の枝、すなわち袖廊が突出したプランと、パリ大聖堂のように、十字の枝（袖廊）を拒否したプランとがあるのである。

このプランの違いは何なのであろうか。パリのように、袖廊を拒否したプランは、入口のある西正面から、祭室のある東側へと、分断されることのない水平的な動きを強調する。他方、十字の枝（袖廊）を極度に突出させたラン大聖堂のプランでは、西から東へ向う水平的動きは、十字の枝のところでまったをかけられる。そして、その動きは、十字の枝と身廊との交叉部に建つ塔の垂直的な動きに変えられるのである。実際、ラン大聖堂では、この垂直線を強調するかのように、七基の塔（西正面の双塔、南北の袖廊に二基ずつ、交叉部に一基の合計七基の塔）が想定されていた。

しかし、十字の枝（袖廊）の突出を拒否したパリのノートル・ダム大聖堂では、三基の塔（西正面の双塔と交叉部の塔）のみで、垂直線は強調されず、西から東へ向う水平的方向性のみが目立つので

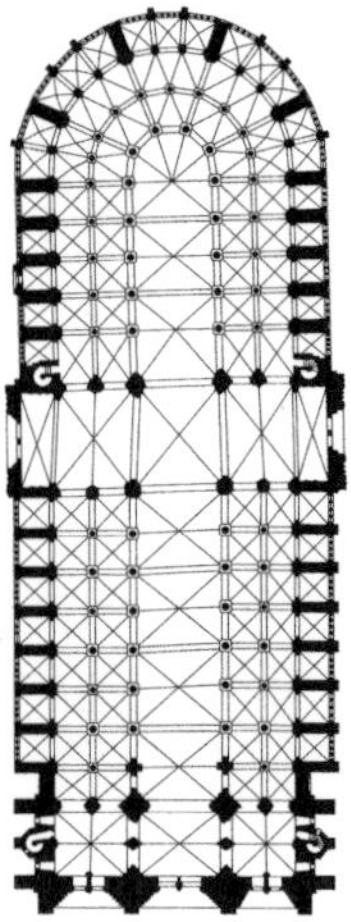

16

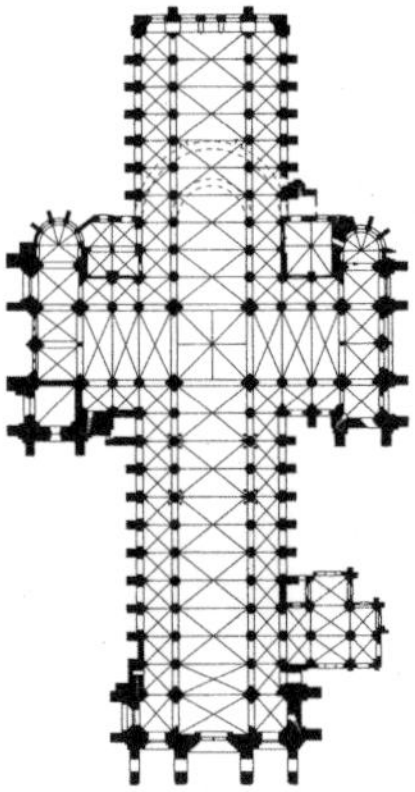

17

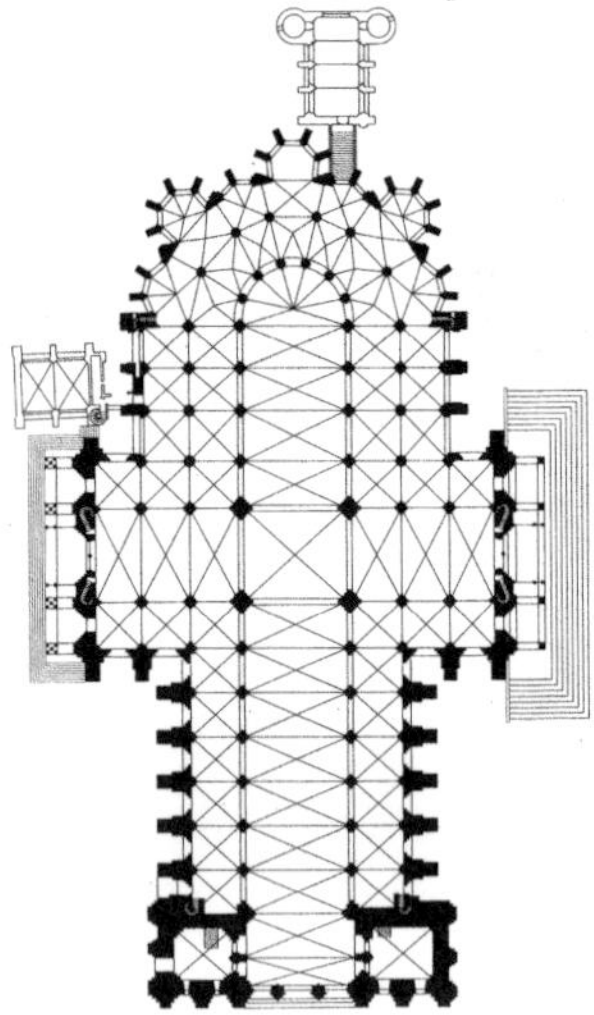

18

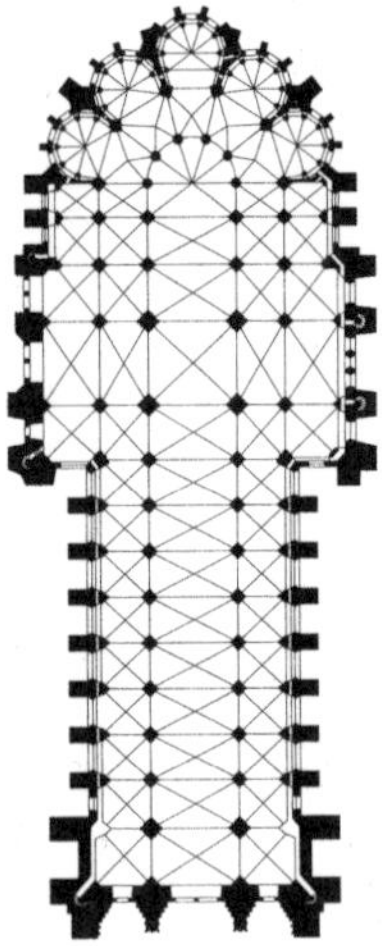

19

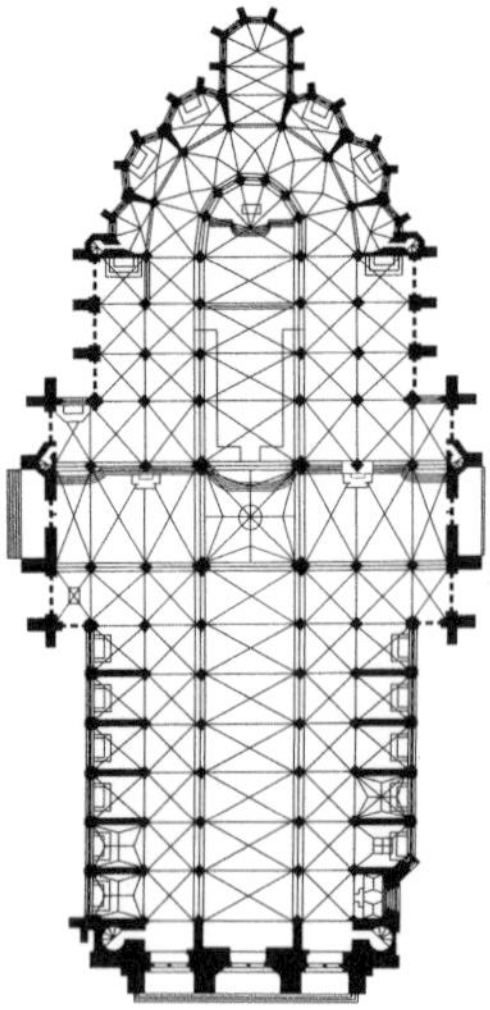

20

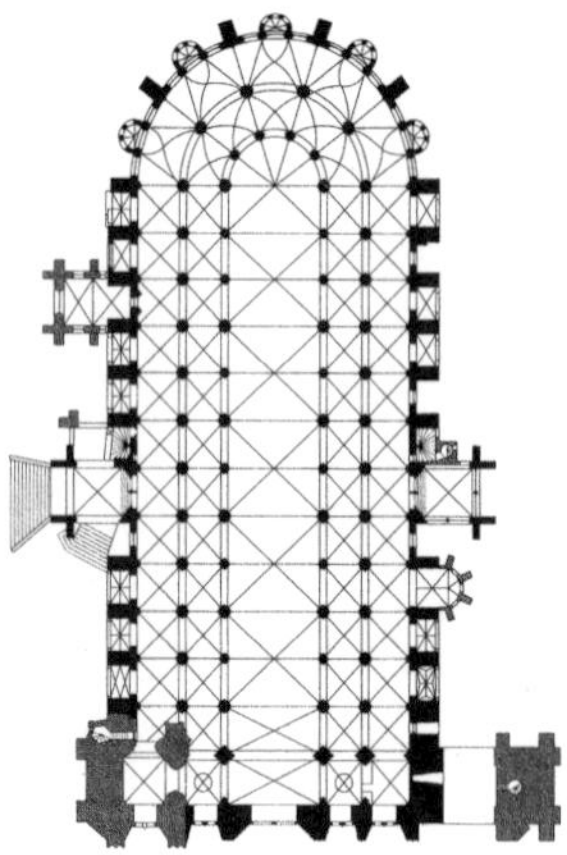

21

（上左より）16 ノートル・ダム大聖堂、17 ラン大聖堂、18　シャルトル大聖堂
（下左より）19 ランス大聖堂、20 アミヤン大聖堂、21 ブールジュ大聖堂のプラン

ある。とりあえず、われわれは、初期ゴシック大聖堂のプランのなかに、すでに二つの対立する方向性があることを、理解しておこう。

改めてノートル・ダム大聖堂のプランを見てみよう。これには、前述した十字の枝（袖廊）の突起がないのみでなく、東側にも、茨の冠のように頭部を飾る放射状祭室の突起がないのがわかる。盛期ゴシック時代の大聖堂では、東端の周歩廊の回りには、半円で突出する数個の放射状祭室がついているのである（図18・19・20）。ところがノートル・ダム大聖堂は、そうしたあらゆる突起物を拒否し、身廊の延長線上に内陣があり、側廊の延長線上に周歩廊が続いている（建物の外部に突出しているのは飛梁のアーチである）。これほど見事なまでに、水平線方向性が貫かれたプランはめずらしい。まるで初期キリスト教時代の単純なバシリカ形式に復帰したかの感がある。

身廊と内陣の比率も、交叉部をはさんで、五個の六分肋骨穹窿と、二・五個の六分肋骨穹窿との対比になり、二対一の比率にされている。そして、内陣の東端は半円になり、その回りに二重になった周歩廊が、側廊の延長線上と対応しながら付け加えられている。プランにおいても、実に単純明快な均衡感が貫かれているのである。

初期ゴシック時代に見られたプランにおける二つの対立する傾向は、一三世紀盛期ゴシック時代にもなお存在している。

盛期ゴシック建築の先駆けをなすシャルトル大聖堂（一一九四年起工）、それに続くランス大聖堂（一二一一年起工）は、ラン大聖堂の方向を発展させた。すなわち、十字の枝（袖廊）を突出させ、水平的動きを垂直的な動きに変えること、がその方向性である。実際、シャルトル大聖堂では九基の塔、ランス大聖堂では七基の塔が想定されていた。盛期ゴシック建築は、とりあえず、垂直線を強調する新しいプランとして展開されたのである（図18・19）。

しかし、フランス・ゴシック建築の面白さは、決して一つの方向性に、極端に走っていかないところにある。パリのノートル・ダム大聖堂に見られた袖廊（十字の枝）拒否のプランは、シャルトルと同じころ、ブールジュ大聖堂で受け継がれている（図21）。ここでは、パリ大聖堂よりも、十字の枝が重なる交叉部の位置が明確にされていない。

パリの場合は、十字の枝（袖廊）は突出していないのに、それが身廊と交叉する部分は、他の所（六分肋骨穹窿）と違う四分肋骨穹窿にすることにより、その位置が明らかにされている。さらに側廊の部分も、交叉部の位置がわかるように、連続してくる側廊と天井構造を変え、側廊よりも高く、身廊と同じ高さにしている。パリでは、十字の枝（袖廊）は突出していないのに、その場所（交叉部）を明確にしているのである。身廊、交叉部の左右、内陣と、三個所の天井の高さを等しくし、その三者により十字架を形造っている。いわゆる、プランの中に十字架が隠されているのである。

ところが、パリ大聖堂のプランを承継したブールジュ大聖堂では、交叉部の位置すらわからないように、徹底した水平線強調のプランにされている。ここでは、なお初期ゴシックの六分肋骨穹窿を天井構造に用いているが（その意味では保守的）、身廊の主要部分は、すべて六分肋骨穹窿で統一され、交叉部における違いをみせていない。それは、側廊にも言える。すなわち、側廊は全部四分肋骨穹窿で統一され、水平的な連続性を分断する交叉部の位置は、プランを見る限りわからないのである。それゆえ、ブールジュ大聖堂では、パリ大聖堂以上に、水平線を強調したプランにされているのがわかる。実際、ここでは、西正面の二基の塔（双塔）しかなく、垂直線の象徴たる塔の存在をセーブしているのである。

面白い現象は、十字の枝（袖廊）を突出させる、いわゆる垂直性方向を強調したプランの側でも、垂直性の象徴である塔をセーブする動きがでてくることである。こうした傾向は、アミヤン大聖堂に現われる（一二二〇年起工）。プランを見る限り、アミヤンのそれは、袖廊を突出させた、水平的方向性はまったをかけたものであることがわかる（図20）。ところが、塔に関して言えば、アミヤン大聖堂は、西正面の双塔しか想定しなかった。プランにおいて水平的動きが否定されたのみならず、西正面に二基の双塔のみを作ることで、極度な垂直的方向性も否定されているのである（図22）。

われわれは、大聖堂のプランと、そして、その大聖堂が持つ塔との関係のなかに、ゴシック建築家たちが、いかに水平線と垂直線との間のぎりぎりの調和を求めようとしていたのかを見ることができるのである。

22　新たに洗われたアミヤン大聖堂（西正面）

3 「神の国」の実現、壁面構成と天井構造

○壁面構成——盛期ゴシック時代になぜトリビューン（階上廊）を残したか

プランを見ながら、ノートル・ダム大聖堂の内部に入ってみよう。ここは、「神の国」にふさわしい荘厳な空間である。深いうす暗い森の中に入ったような、神秘的な空間が展開するのである。ほのかな香《こう》のかおりが、神秘的空間をより霊的世界へと導く。林立する円柱群は、天井のアーチと結びつき、壁面を骨組の構造と化している。ここには、もはやロマネスク建築の壁面中心の構造体は見られない。

下から大アーケード、トリビューン（階上廊）、高窓と、壁面構造は三層式にされている。大アーケードは、太い円柱（直径一・一〇メートル）で形造られ、その柱頭の部分で、天井を支えている小円柱を受けている。その小円柱は三本で統一され、途中で分断されることなく、三二・五〇メートルある天井のアーチの起拱点にまで伸びている。壁面構成からいえば、水平的分割線が見られないのである。むしろ、分断されることなく上昇する小円柱群が目立っている。プランや西正面構成では、圧倒的に水平的分割線が目立っているのに、内部の壁面構成（エレヴェーション）では、垂直線が強調されている。ここにも、極端に走らない中庸の精神が生きているのである（図23）。

大聖堂の建造は、一一六〇年ごろ、東側の内陣から始められた。時の司教はモリス・ド・シュリー、高名な神学者で説教師である。

23　ノートル・ダム内部（身廊より内陣を望む）

24　四層式の壁面部分

25　ラン大聖堂の四層構成

一一八二年には、二重の周歩廊をともなった内陣は完成され、一一八〇年から身廊の建造が始められ、司教モリス・ド・シュリーの死の年一一九六年には、西側の二つの梁間を除き、身廊はほぼ完成された。

この時、壁面構成は、現在交叉部に見られるように四層構成にされていた（図24）。すなわち、トリビューン（階上廊）と高窓の間に、屋根組の下の丸い穴を開けた層があったのである。実際、初期ゴシック建築は、ラン大聖堂に見られるように四層式（大アーケード、トリビューン、トリフォリウム、高窓）が一般的であった。まず層を積み重ねることにより、高さを築こうとしたのである（図25・付録6）。

ところがパリのノートル・ダム大聖堂の場合、左右の側廊が二重にされ、五廊式バシリカ形式にされている。それゆえ、中央身廊部には、十分に光が入ってこない。その上、トリビューン（階上廊）の存在も、身廊に直接的に光を取り入れるには、邪魔なのである。それゆえ、盛期ゴシック時代のほとんどの大聖堂は、側廊は左右に一つずつとし（三廊式バシリカ形式）、採光に邪魔なトリビューン（階上廊）の層を取り除き、三層式（大アーケード、トリフォリウム、高窓）にしたのである（図26・付録6）。

ノートル・ダムの場合、側廊を二重にしたり、古い伝統であるトリビューン（階上廊）をあえて残したのは、多くの人びとを収容したいという思いからであろう。実際、九〇〇〇人をも収容できる大聖堂内で、トリビューン（階上廊）には、一五〇〇人もの人びとが昇れるのである。

26　三層式の壁面部分（シャルトル大聖堂）

一三世紀に改築された時、採光に邪魔になるトリビューン（階上廊）は、ますます大聖堂に集まってくる人びとのために、取り除くことはできなかった。それゆえ、一三世紀の大聖堂では例外的に、トリビューンを残し、採光のためには高窓を下の層まで大きく伸ばし、中間層を取り除いたのである（図24・付録6）。

しかし、パリ大聖堂の荘厳な雰囲気は、二重にされた側廊や、トリビューン（階上廊）など、身廊に直接的に光を取り入れるために邪魔なものの存在からきている。都市として発展したパリ市に群がる人びとを収容することを重視するところから、一三世紀の大聖堂ではめずらしい、トリビューン（階上廊）を持つ壁面構成にされたのである。

トリビューン（階上廊）は、ロマネスク時代の「巡礼路教会」に常設された特徴的な空間であった。群がる巡礼者たちを聖堂に収容するためには、信者のための空間である身廊のみでは不十分だったのである。トリビューンは、主として女性用の席として用いられていた。ロマネスク時代の巡礼者たちは、トリビューンに昇って、内陣で行われるミサに参加する時の感動を語っている。トゥルーズのサン・セルナン聖堂、コンクのサント・フォワ聖堂、サンティアゴ・デ・コンポステラ大聖堂と、トリビューンのある「巡礼路教会」は三つしか現存していない。

パリ大聖堂は、採光よりも、祝祭日に群がる巡礼者（信者）を収容することの方を重視した。しかし、そのことが、逆に、他の大聖堂にない薄暗い、荘厳な雰囲気をパリ大聖堂に与えているのであり、他の大聖堂にない、パリ大聖堂の独自のプランと、独自の壁面構成とを形造ったのである。ここでも見られるのは、一般庶民に向けられたまなざしである。それこそが、まさに「ゴシック」の精神なのである。

○天井構造

次に、天井構造に目を向けてみよう。かつては、ここには星が散りばめられ、まさに「神の国」にふさわしい空間が、人びとの眼上に展開していた。

身廊の天井の高さは、三二・五〇メートルもある。同時代のサンス（二四・四〇メートル）、ラン（二四メートル）、ノワヨン（二二・七〇メートル）などの大聖堂に比べると、いかにパリのノートル・ダム大聖堂が高いのかがわかるのである。

天井構造は、初期ゴシック建築の特徴である六分肋骨穹窿（六分オジーヴ穹窿ともいう）にされている（図28）。その構造は、正方形を元にしており、前時代のロマネスク聖堂建築に多用されていた交叉穹窿から発展したものと思われる。

交叉穹窿は、半円筒と半円筒とを直角に交叉させて作る。頂点でうまくかみ合うためには、交叉する半円筒の直径は等しくなければならない。それゆえ、交叉穹窿のプランは、正方形になり、対角線上に交叉の稜線が生まれる。（図27B）その対角線上の稜線に力学的弱点がある。その弱点を、リブ（支骨）で補強するところから対角線上のリブ（支骨）であるオジーヴ（ogive・仏）が生まれる。オジーヴ穹窿こそがゴシック建築の特徴となるものである。ゴシック建築は、このオジーヴ穹窿（英語では、リブ・ヴォールト）の使用により、壁面を骨組の組織に変え、高い空間を築きながらも、壁面を窓に開放するという離れ技を成しとげたのである。もちろんそこには、オジーヴ穹窿の横圧力を、外部から、くもの脚のような形で支える飛梁（フライング・バットレス）の存在も忘れてはならない。

　ところが、大聖堂が大きくなるにつれ、すなわち身廊の幅が広くなるにつれ、正方形のプランを示す穹窿は、非常に大きなものになっていく。それゆえ、それを支えるための二本の横断アーチと二本の縦断アーチと、対角線上のアーチ（オジーヴ）だけ（それだけだと四分肋骨穹窿）では、広大な穹

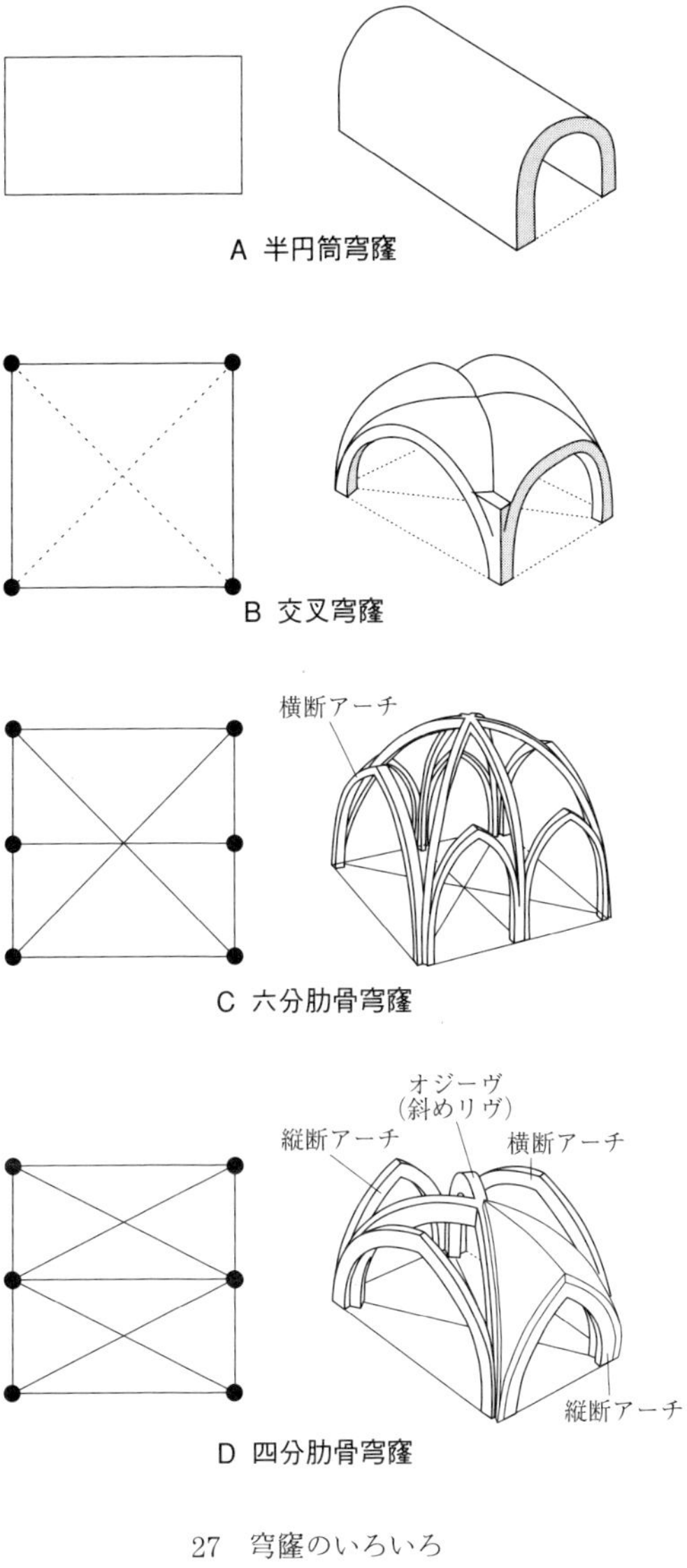

27　穹窿のいろいろ

28　六分肋骨穹窿（パリのノートル・ダム大聖堂）

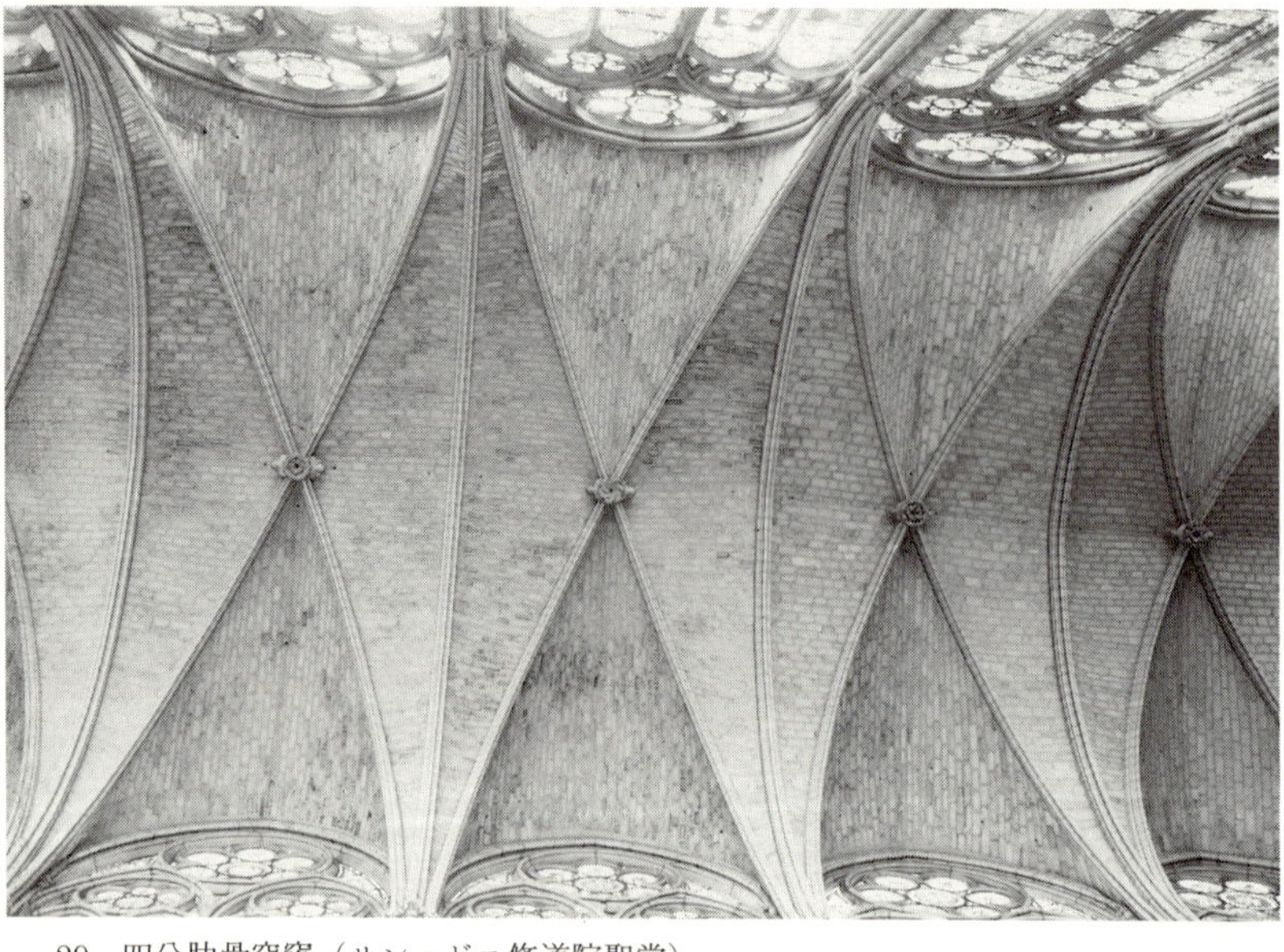

29　四分肋骨穹窿（サン・ドニ修道院聖堂）

窿を支えられない。それゆえ、対角線アーチが交叉する中心部に、もう一つ補助のための横断アーチを付け加え、穹窿の面は六つに分割される。それを六分肋骨穹窿という（図27C）。いわゆる、まだ尖頭アーチの利点を十分に理解していない初期ゴシック時代の穹窿架構法だったのである。尖頭アーチの利点とは、直径の長さが違うアーチでも、尖頭の角度を変えることにより頂点を統一することができることである。実際、盛期ゴシック時代になると、横断アーチの直径の長さになる身廊の幅はますます広くなるが、縦断アーチの直径は、それに比例して長くする必要がないことに気付いた。すなわち、縦断アーチの直径を短くすることにより（ということは尖頭アーチの角度は高くなる）、穹窿の一つの単位を狭くすることができる。それゆえ、そこでは、横断アーチ、縦断アーチ、対角線上のアーチ（オジーヴ）のみで穹窿を支えることができるのである。ここでは、横長の長方形になった穹窿の断面は、四つに分割されているゆえに、四分肋骨穹窿という（図27D・29）。

パリのノートル・ダム大聖堂の場合、交叉部の正方形を一つの単位として、全体のプランを形成するという、古い伝統のなかになおいる。その正方形の長さの半分が側廊の長さで、それゆえ側廊の穹窿は交叉部の正方形の四分の一の正方形になっている。そして、小さな正方形の単位となった側廊の穹窿は、四分肋骨穹窿にされている。四分肋骨穹窿で十分だからである。

六分肋骨穹窿の場合、それを支える柱の交互性を生む。ゴシック建築には、明確な構造論理が貫かれている。たとえば、天井に一つのアーチ（リブ）があれば、それを支える柱が必ず一本ある。六分穹窿の場合は、それゆえ、天井のアーチ（リブ）を受ける柱は、五本、三本という交互性を生むのである。その典型は、ラン大聖堂やノワヨン大聖堂などに見られる（図13・25）。

しかし、ノートル・ダム大聖堂の場合、同じ初期ゴシックの六分穹窿を持ちながら、違った解決法を試みている。ここでは、天井の五本、三本のアーチ（リブ）は、いったんアーチの起拱点の所にある柱頭で受け止められ、そして、そのアーチの起拱点（柱頭）から、下層の大アーケードの柱頭まで、三本に統一された柱が続いている。構造論理を無視してまで、むしろ統一性を柱に求めているのである。その上、それらの三本に統一された円柱は、途中で水平線に分断されることなく、垂直的に伸びている。内部の壁面構成と、それを形造る円柱群は、むしろ垂直性を強調しているのである。

パリ大聖堂のプランや西正面ファサードで見せた水平線を強調した安定感は、大聖堂内部では、その荘厳感をあおるかのような、林立する円柱群の垂直線の戯れを許している。ここにも、極端に走らないフランス・ゴシックの精神が生きている。また、それこそが、フランス人が好む中庸の精神である。この点からも、パリのノートル・ダム大聖堂は、フランス精神の具現化であり、まさにそれを象徴化したものといえるのである。

4　ステンドグラスの輝き

○神の属性としての光

大聖堂内部を飾る装飾のなかで、ステンドグラスの放つ輝きに勝るものはない。ステンドグラス

（絵ガラス）の色彩は、外部から入る物質的光を、多彩色の神秘的な光に変え、大聖堂内をみたす。そこは、まさに「神の国」にふさわしい、神秘的な光の園になる。ひとたび大聖堂に足を踏み入れるや、人びとは、この霊感にみちあふれた空間のなかで、自分自身を見失う。林立する小円柱群によって支えられた三二・五〇メートルもある天井の高さも、人びとをこの世ならぬ世界に導くのである。

ステンドグラスは、透過光線による芸術である。それは、それ自身では輝かない。外部から光が入って来て、初めてその輝きを発するのである。それゆえ、ステンドグラスは、それ自身では成就しない芸術である。その内に秘められた色彩を引き出すのは、外部から入って来る太陽の光である。まさに「神」のみが、ステンドグラスに秘められた色彩を目覚めさせ、大聖堂内を、この世ならぬ超現実的色彩の波でみたすのである。

ステンドグラスは、それゆえ、一日の太陽の動きとともに、微妙にその色彩を変えていく。陽の光が雲に隠れる時、色彩は哀しみに沈む。しかし、雲の間から一条の光が差し込んでくるや、大聖堂は希望の色彩の兆しに静かに目覚めてくる。そして、ついに雲が去り、この世が陽の光でみたされる時、大聖堂内は、ステンドグラスの歓喜の色彩であふれる。多彩色の光の乱舞によって活気づく。大聖堂内は、ステンドグラスの輝きにより、日々、刻々と、その姿を変えていくのである。

中世以来、人びとは神の属性として光を考えてきた。『新約聖書』の「ヨハネ伝」の中には、次のように記されている。

「すべての人をてらすまことの光があって、世に来た。彼は世にいた。そして、世は彼によってできたのであるが、世は彼を知らずにいた（「ヨハネ伝」一章九―一〇節）」。

中世の神学者たちも、光と神の同一性について語っている。「神は光のうちの光」（聖アウグスティヌス）であり、「神は光、神の子（キリスト）も光、聖霊も光」（聖アンブロジウス）であった。

ゴシック大聖堂時代になると、光についての神学的解釈は、ますます盛んになっていった。英国の神学者ロベルトゥス・グロッセテステ（一一七五―一二五三年）は語る。

「物質の完全さや、さらに美をも構成するものは光である。光は存在しうる最も純粋な本体であり、最も崇高な美であり、その存在が至上の喜びを生み出すようなものである。そして、神は光と考えられる」と。

同時代の典礼学者ドゥランドスは、ガラス絵窓について語る。

「ガラス絵窓は、聖なる書である。それは、真の太陽なる神の光を教会の中に注ぎ込む」と。

こうした光への愛が、ゴシック大聖堂やステンドグラスの発展をうながしたことはいうまでもない。

では、神の属性である光を、いかに表現することができたのであろうか。古今東西をとわず、古くから聖なるものの存在を俗人と区別するため、「光輪」や「光背」が考えられてきた。キリストの場合には、受難（または勝利）の象徴としての十字架が、光輪に付け加えられた。いわゆる光の間接的表現法である。

しかし、神の属性である光を、もっと直接的に表現する方法はなかったのであろうか。そこで光の弱い北欧で考案されたのが、ステンドグラスだったのである。ドイツでは、すでに九世紀ごろから、壁面をステンドグラスで飾る伝統があった。ロルシュから出土した『キリスト頭部』（ダルムシュタット美術館）は、そうした例であるが、まだ小さい断片にすぎなかった。

一二世紀ロマネスク時代のステンドグラスも、まだ小さな窓にはめ込まれているだけである。

ゴシック大聖堂時代の先駆けをなすのは、やはり、一一四四年に完成されたサン・ドニ修道院内陣のステンドグラスである。ここでは、七つある放射状祭室の壁面が、はじめて大きく窓に開放され、そこにステンドグラスがはめ込まれたのである。その時、聖堂内が、いかに神秘的な光にみたされたかを、時の修道院長シュジェールは、感動的に記している。彼自身、新プラトン主義者たちの「光の美学」の信奉者であったのである。

サン・ドニ以降、ゴシック建築は、尖頭アーチ、肋骨穹窿（リブ・ヴォールト）、飛梁という三つの技法を総合することにより、高さを求めつつ、かつその壁面を骨組構造に変え、窓に大きく開放していった。その大きな窓こそが、ステンドグラスの活躍の場所だったのである。

ところが、パリのノートル・ダム大聖堂の場合、中世時代のステンドグラスは、ほとんど破壊され、白ガラスに三つの百合の花（フランス王家の紋章）の描かれた一八世紀のものや、ガラスの上にグリザイユで描かれた一九世紀のもの、さらには一九六五年にル・シュバリエによって新たに造られたステンドグラスにとって代えられた。それゆえ、ステンドグラスに関していえば、パリのノートル・ダム大聖堂は、シャルトル大聖堂ほどの中世の輝きを持っていない。しかし、一二世紀中ごろ、サン・ドニ修道院長シュジェールは、ノートル・ダム大聖堂に、「聖母マリア」の栄光のための主題のステン

30　サン・ドニ修道院
聖堂西正面

31　サン・ドニ修道院
聖堂のバラ窓

ドグラスを寄進したことが知られている。それは、一三世紀に改築された時に、内陣トリビューンのステンドグラスとしてはめ込まれた。これも記録で知られるのみである。

しかし、パリ大聖堂の三つのバラ窓は、多くの修復をこうむりながら、今なお当時の面影を残す貴重なステンドグラスになっているのである。

○バラ窓の出現とその象徴性

ゴシック大聖堂に、ひときわその輝きを与えているのは、円形の窓、バラ窓である。それは、大聖堂の扉口上部から、内部空間に円輪の光の冠《かんむり》を与えるかのように輝いている。それは、薄暗い空間の中で、大輪の花のように、時には夜空に咲く大輪の花火のように輝く。その素晴らしい神秘的な色彩の戯れは、言語に絶するものがある。偉大な芸術の前では、人びとは言葉を失うのである。

バラ窓は、ゴシック大聖堂とともに現われる。一一四〇年六月九日に完成されたサン・ドニ修道院聖堂西正面に、最初にステンドグラスのはめ込まれたバラ窓が創造された（図30）。バラ窓の中央に小さな円があり、そこから一二本の輻《や》が放射し、それらは外円に内接しながら、花弁を形造っている。中央バラ窓の外部の四隅には、四福音書記者を象徴する四匹の動物が小円の中に表現され、それらは中央の大きな円のバラ窓を取り囲んでいる（図31）。

サン・ドニで現われた最初のバラ窓を見ると、これは、『旧約聖書』に出てくる予言者エゼキエルの見た救世主のヴィジョンと一致している。

32　シエナ大聖堂（イタリア、13世紀）

「わたしが生きものを見ていると、生きもののかたわら、地の上に輪があった。四つの生きもののおのおのに、一つずつの輪である。もろもろの輪の形と作りは、光る貴《き》かんらん石のようである。四つのものは同じ形で、その作りは、あたかも、輪の中に輪があるようである（「エゼキエル書」一章一五―一六節）」。

中心部から放射する一二本の輻は、一二本の円柱の形をしている。「十二使徒は教会の生きる柱」といわれるように、一二本の柱は十二使徒を象徴している。救世主の教えを広めるべく、世界に散らばっていったさまが、放射する一二本の車輪の輻（円柱）として表現されているのである。バラ窓は、救世主キリストを象徴するものとして現われた。決して、聖母マリアの象徴ではないのである。

サン・ドニ以降、フランスのゴシック大聖堂は、積極的にバラ窓を採用していった。サン・ドニは、フランス王家の埋葬教会であり、当時の宗教的・芸術的権威者だったからである。

しかし、垂直的な方向性を持つゴシック大聖堂には、円という自己完結的要素を持つバラ窓は、相反する要素であった。実際、垂直的方向性を強く求めた北欧ドイツのゴシック建築では、バラ窓は採用されることがなかった（図12）。それに反し、北欧的垂直的なゴシック建築を拒否した南欧イタリアは、円という要素を西正面に好んで採用している（図32）。いかに、円という要素が南欧的性格を持っているのかがわかる。あえていえば、円という要素であるバラ窓は、反ゴシック的精神の表現だったのである。

ところがフランス・ゴシックの建築家たちは、この反ゴシック的要素バラ窓を積極的にファサードの扉口上部に取り入れ、それをうまく正面ファサードに調和させようとした。大聖堂の内部構造を反映した正面ファサードの中で、その内部構造と矛盾することなく（なぜならバラ窓の直径は身廊の幅を越えられない）、いかに大きなバラ窓を作っていくか、という建築家の努力のあとが、サン・ドニ以降の大聖堂の中に見られるのである。

あえて相反するものを取りあげ、それを建築のなかに調和させていく。これは、まさに、今まで見てきたように、フランス・ゴシックの建築家の態度ではなかったか。水平線と垂直線の調和、方向性のあるものと、自己完結的なものとの調和、相反する要素を、一つの総合体に完成していく態度、これこそ、フランス・ゴシックの建築家が求めたことだった。その意味では、バラ窓の採用のなかにも、最もフランス的なもの、すなわち調和、中庸の精神が貫かれているのである。

○パリ大聖堂の三つのバラ窓

ところで、通常大聖堂は、三つのバラ窓を持っている。西正面、南・北袖廊扉口と三個所である。ではキリストを象徴する三つのバラ窓のそれぞれはおのおの、何を意味しているのであろうか。一三世紀のこうした三つのバラ窓が完全に残っているのは、シャルトル大聖堂のみである。それと比較しながら、パリ大聖堂のバラ窓について考えてみよう。

交叉部に立った時、南・北袖廊の二つのバラ窓が目に入ってくる。西側のそれは、パイプオルガンにかくされ、よく見えない。修復が多いと言え、絵ガラスの輝きは圧巻である。光の弱い北側のバラ窓は、光の通しの良い青ガラス中心の配色にされている。それゆえ、冬の凍てついた空の中でも、それは憂いを含んだ大輪のあざみの花のごとく輝く。他方、光の強い南側のバラ窓は、光の通しの悪い赤ガラス中心の配色にされている。真夏の強い光の中、それはいちだんと華やかな色彩を放つ。陽気な色彩の乱舞になる。

中世のステンドグラス師たちは、色ガラスが持つ特質を見事に知っていたのである。赤ガラスの光の通しを良くするため、赤ガラスの半分の層を白ガラスにする工夫すらなされている。扱う素材を知り、表現すべき内容を知りつくした技の勝利である。南・北のバラ窓の色彩のなかに、ステンドグラス師たちの隠された技を見ることができるのである。

年代順にたどっていけば、まず西正面のバラ窓（直径九・六〇メートル）が、一二二〇年ごろから始められた。外部では、西正面ファサードの中で比類なき調和を見せているが、内部では、一九世紀に設置されたパイプオルガンが邪魔をして、バラ窓の下半分は見ることができない（図33）。修復は、一七三一年と一八五五年になされ、また多くのメダイヨンは、一六世紀に不器用にやり直されている。

しかし、全体の主題は判読できる。バラ窓の中心には聖母子が君臨している（図34）。その中心部から一二本の輻《や》が放射状に出ていき、それは、外側の輪の中では二四本に細分化されている。内側の一二本の輻の中には一二人の預言者たちがいる。

外側の二四本の輻の中はさらに二分され、その内側の層の下半分には「十二星座」、そして外側の層の下半分には、それに対応する「十二ヶ月の仕事」が表わされている。その上部では、外側の層に槍

33　西正面のバラ窓（上）
34　その中心部（下）

と盾を持ち、王冠をかぶった女性が坐っている。彼女の持つ盾には、彼女を象徴する動物が表現されている。いわゆる、中央扉口の腰石部分に現われている「十二の美徳」の表現である。その内側の層は、それに対応する「十二の悪徳」の表現になっている。悪徳の表現は、より具体的な当時の生活からとられている（これらの詳細は図像の項で後述する）。

こうした主題は、一三世紀の神学者ボーヴェのヴィンセンティウスが書いたこの世の体系としての『世界の鏡』のなかに出てくる「自然の鏡」と「道徳の鏡」の具体的な表現である。

次いで北袖廊のバラ窓（直径一二・九〇メートル）が、一二五五年ごろ制作された（図35・C2）。ここは、全体的に当時の姿が、一番良く保存されている。北側袖廊は一二五〇年ごろ、建築家ジャン・ド・シェルによってはじめられた。

バラ窓の中心部には、聖母マリアが幼児キリストを抱いて玉座に坐っている（図36）。そこから一六本の輻が放射状に出、その先のメダイヨンには、『旧約聖書』の預言者たちがいる。彼らは手に巻物を持ち、四人を除き円錐形の縁なし帽をかぶっている。

一六本の輻は、その先で二本に分割され、その先は三二個のメダイヨンになっている。その中には、『旧約聖書』に出てくる王たち（王冠をかぶり、司杖を手に持つ）と、審判官（手に棒を持っている）とが表現されている。

一番外側のバラ窓の外輪にある三二個のメダイヨンには、円錐形の三重冠をかぶったユダヤ教の大祭司が表現されている。いわゆる北側のバラ窓は、キリスト到来までの、ユダヤ民族の歴史、すなわ

35　北側袖廊のバラ窓（上）
36　その中心部（下）

37　南側袖廊のバラ窓（上）
38　その中心部（下）

ち『旧約聖書』にささげられているのである。

一二六〇年ごろ完成された南側袖廊のバラ窓は、三つのバラ窓の中で、一番多く修復をこうむっている（図37・C3）。

一二五八年二月一八日、南側袖廊の最初の石が、建築家ジャン・ド・シェルによって置かれたことは、残されている碑文によって知られている。しかし、彼は早死にしたため、バラ窓を含めて、南側袖廊を彼が完成したのか、それとも彼の後継者ピエール・ド・モントルイユによるものか定かでない。しかし、前者が構想をねり、後者がそれを継続したことだけは確かであろう。建築家ピエール・ド・モントルイユは、サン・ドニ修道院聖堂の建造にもたずさわり、パリの高名な建築家だったのである。

早くから石組に収縮がおこり、一七三七年には、完全にそれを再建しなければならない状態になっていた。その時のステンドグラス師ギリョム・ブリスは、一三世紀の多くのメダイヨンを、新しいものに取り代えた。

一八五四年にも新たな修復が行われ、一三世紀の輝きは、ますます失われたが、全体の図像配置は尊重されたものと思える。

四葉形にされたバラ窓の中心には、四福音書記者の象徴の動物に囲まれ、キリストが中央に坐っている（図38）。

そこから一二本の輻が放射状に発し（北側は一六本であった）、まず一二個のメダイヨンが形造られている。そこには十二使徒たちが座像として表現されている。

最初の一二個のメダイヨンから、放射状の輻は二つに分かれていき、次の層で二四個のメダイヨンを形造る。そこには、殉教者と証聖者たちが坐って表現されている。次の層にある二四のメダイヨンも殉教者（女性）たちと推測されている。

そしてバラ窓の円周に接している外側の二四個の三葉形の中心のメダイヨンには、天使たちがいる。いわゆる南側のバラ窓には、キリスト出現以降の『新約聖書』の世界が表現されているのである。

このように、光の乏しい北側袖廊バラ窓は、救世主（キリスト）到来までのユダヤ民族の歴史ともいうべき『旧約聖書』の世界を表現し、その中央に幼児キリストが聖母に抱かれて登場している。救世主の出現である。

光の強い南側袖廊バラ窓は、成人キリストが四福音書記者の象徴の動物に囲まれて君臨している。この主題は《黙示録のキリスト》である。しかし、ここには、黙示録の二四人の長老がいる代りに、十二使徒や殉教者たちにされ、シャルトル大聖堂との違いをみせている。ともあれ、主題的には南側は、『旧約聖書』の成就とも言うべき『新約聖書』の世界にされている。

問題になるのは、西正面のバラ窓である。シャルトル大聖堂のそれは、《最後の審判》であり、中央部には審判者キリストがいる（図39）。ところが、ここでは、北側と同じ《聖母子》像になっているのである（図34）。その上、彼らを取り囲む『旧約聖書』の預言者まで（人数は違うが）北側と同じ主題になっている。違う点は、北側は全部『旧約聖書』の主題になっているのに対し、西側は「十二ヶ月の仕事と十二星座」、「十二悪徳と十二美徳」、という異質な要素が入っているのである。

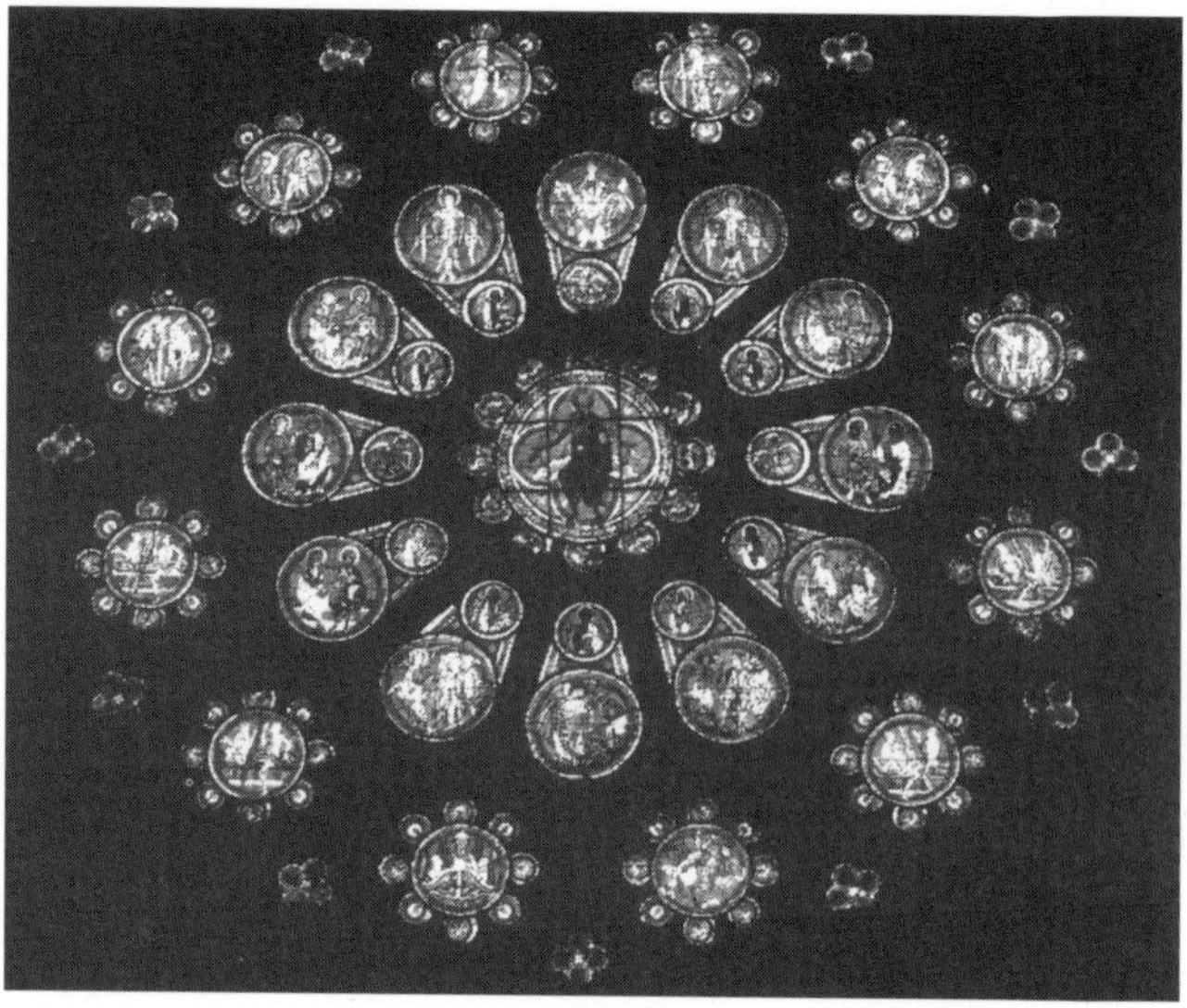

39　シャルトル大聖堂西正面のバラ窓

パリ大聖堂の三つのバラ窓は、このように、シャルトルのそれに比べると、全体に統一性がない。と言うのは、シャルトルでは、北側に『旧約聖書』（過去）、南側に『新約聖書』（現在）、西側に《最後の審判》（未来）と、キリスト教社会の三つの時を象徴化しているからである。バラ窓の中心には必ずキリストが君臨しており、北側は幼児として、南側は復活者として、そして西側は審判者としてのキリストである。それゆえ、三つのバラ窓は、キリストの三つの時を象徴的に表わしているともいえよう。

パリ大聖堂の場合、北側と南側とは、まさにこのシステムに従っている。しかし西側のバラ窓が変則となり、シャルトル大聖堂の統一性を持っていない。修復のなせるわざか、その理由は定かでない。

Ⅲ　彫刻としてのノートル・ダム

1　一二世紀の扉口彫刻

○西正面右側サンタンヌ（聖女アンナ）扉口彫刻

時はフランス革命時の一七九三年七月。革命政権は、フランス王家に関係するものの弾圧を宣言した。そして、パリ大聖堂の扉口や「王のギャラリー」に表現されている王冠を被った人物たちの首を切り落とすことを求めた。当時（一八世紀）では、パリ大聖堂に表現された王冠を被った人物たちは、フランスの歴代の王たちと見なされていたのである。

一七九三年九月一〇日から一〇月四日にかけ、建築指導者バザンは、西正面三つの扉口と「王のギャラリー」にあった彫刻の王冠（頭）を取り除いた。仕事を実施するにあたり、バザンは、三つの足場を築かねばならなかった。

この最初の破壊は、十分と思われなかった。一七九三年一〇月二三日の法令により、パリ市革命議会は、「八日間のうちに、ノートル・ダム大聖堂の扉口にあるフランスの王たちと思えるゴシック彫刻は、打倒し、破壊されるであろう」と決定した。新しい指揮者ヴァランが任命され、彼は、外部の七八体の大きな像と一二体の小さな像の取り壊しに成功した、と記している。

急進派ジャコバン党の党員で、革命議会の議長までつとめた新古典派の画家ダヴィッドは、ノートル・ダム大聖堂の前庭に散乱するこれらの彫刻の断片を、「人民の栄光のための堅固なモニュメント」として、シテ島の西端に建てるべく利用することを提案した。実際これらの断片は、人びとの嘲笑をかいながら、二年以上にもわたって、大聖堂の前庭に放置されていたという。しかし、このモニュメントは完成されることはなかった。

フランス革命時の破壊は、西正面を飾っていた彫刻群に、多大の損失を与えた。三つの扉口の側壁を飾っていた円柱の上に立つ大彫刻も、扉口の上部で水平帯を作る「王のギャラリー」の二八体の大彫刻も、すべて取り除かれたのである。破壊をまぬがれたのは、タンパンと弧帯の彫刻のみであった。ここで問題にする一二世紀の彫刻が残る右側のサンタンヌ（聖女アンナ）の扉口も、タンパンと弧帯の部分を除き、側壁の円柱上に立っていた人物群は、すべて失われた（中央柱の聖マルセル像はクリュニー美術館に保管）。

ところが、一九七七年四月、パリ市内の銀行の工事中に、石棺の中に入った彫刻の三六四個の断片が発掘されたのである。

それらは、ノートル・ダム大聖堂の彫刻とわかり、最近における最も重要な中世考古学上の発見となった。それらのなかには、色も鮮やかな王たちの頭部が二一個もあった。それらは、その時まで知られることのなかった「王のギャラリー」の王たちの頭部だったのである。

現在そこにある彫刻は、一九世紀に建築家ヴィオレ・ル・デュックによって創られた、想像による再建だったのである。色鮮やかな色彩で中世彫刻が彩色されていた事実が、再認識されたのである。

これらの彫刻断片の中に、かつて右側扉口（サンタンヌの扉口）の側壁を飾っていた大彫刻の断片も、かなり発見された。それにより、今まで曖昧だったノートル・ダム大聖堂の一二世紀彫刻（すなわちそれは第二大聖堂のものであるのだが）の全貌が明らかにされつつあるのである。

問題の右側扉口彫刻は、側壁を飾っていた八体の大彫刻を欠いたまま、美的判断にまかされてきた。しかし、これらの八体の像については、破壊される前の一八世紀に、ベルナール・ド・モンフォーコンにより、デッサン（素描）が残されていた（図40）。この素描は当時の姿をありのまゝに伝えているのかどうか、ということがいつも問題とされてきた。ところが、一九七七年に発見された彫刻の断片のなかには、モンフォーコンの素描に対応する多くの断片があったのである。それにより、モンフォーコンの素描の信憑性も確立され、あわせて、失われていた側壁大彫刻の様式についても語れるようになったのである（図41）。

一三世紀初頭に、新しいゴシックの西正面部が建造された時、右側扉口として、以前の大聖堂の扉口（彫刻）が採用された（図42）。

フランス革命時に破壊された部分は、徐々の発掘により、その全体像が明らかになりつつある。一八三七年には、サンテ通りで、側壁の聖ペテロの下半身が発掘された（図43）。ヴィオレ・ル・デュッ

40　モンフォーコン「聖女アンナの扉口」人像円柱のデッサン

44　ダヴィデ像の頭部

43　聖ペテロ像

41　聖パウロ像

42　西正面右側サンタンヌ（聖女アンナ）扉口

クによる弧帯の要石の部分《黙示録のキリスト》と《復活の小羊》（ルーヴル美術館）の発掘、側壁のダヴィデ像の頭部（メトロポリタン美術館）（図44）、そして決定的な発見は、近年（一九七七年）に発掘された側壁人像円柱の種々の断片である。

○タンパン彫刻と楣《まぐさ》部の彫刻

まず上部のタンパンから見てみよう。この扉口は、かつて（一八世紀）モンフォーコンにより、「聖女アンナの扉口」として紹介され、伝統的にこの名称で呼ばれてきた。聖女アンナとは、聖母マリアの母のことである。ところが、ここには聖女アンナは表現されていない。一番重要な場所、すなわちタンパンの中央部を占めているのは、聖母マリア像である。玉座に坐る聖母は、幼児キリストを膝に乗せている。聖母子像は、荘重なドームをいだく天蓋の中で、正面性を守りながら、われわれを見つめている。正面性こそが、絶対者の表現にふさわしいのである。その左右には、香を持った二人の天使が立っている（図45）。

問題は、天使の両側にいる人物である。向って左側の人物は、ミトラ（三角帽）をかぶり、渦巻状の司教杖を持っているゆえに、司教であるのがわかる。他方、右側で巻物を持ってひざまずく人物は王冠をかぶっているゆえに、王の身分であるのがわかる。それゆえ、彼らは、現在のノートル・ダム大聖堂の建造にたずさわった時の司教モリス・ド・シュリーと、その時のフランスの王ルイ七世（一一三七―八〇年）と思われてきた。そして、司教の左側に坐る人物は、大聖堂に多くの財産を遺贈した聖職者バルブドール（Barbedor）と推測されてきた。

しかし最近、J・ティリオン氏などは、司教の方はパリの司教であった聖ジェルマン（四九六ごろ―五七六年ごろ）であり、王の方は、一二世紀中ごろにノートル・ダム大聖堂の創設者と思われていた王チルデベール（Childebert　五一一―五八年）の可能性が強いことを主張した。このように、これらの像についてはなお確証がなく、他の司教や、他の王の可能性もあるのである。

タンパンの下の二層になった楣部《まぐさ》について言えば、上層のみが一二世紀の古い部分にあたり、下の層は一三世紀の新しい部分である（付録3）。

ここでも注目されるのは、楣部がタンパンの横幅よりも長くなっていることである。すなわち、古いタンパンと楣部とが新しい一三世紀の扉口に付け加えられた時、両者ともに横幅が足りなかったのである。それゆえ、タンパンに関していえば、一三世紀の新しい尖頭アーチと、一二世紀の半円に近いタンパンの間に生じた隙間をうめるため、新しく唐草模様と二人の天使とが付け加えられた（図46）。

タンパンの下の上層の楣部についていえば、それは両端に新しい彫刻を付け加えることにより、一三世紀の新しい扉口のアーチの線の中におさめた。すなわち、一二世紀の部分は、タンパンの半円の線が楣部と重なり合うところ以内であり、それより外の部分は、一三世紀に付け加えられたのである。

古い一二世紀の部分は、左から右に展開される。（なお左端にある一三世紀の場面は、下層の楣部から連続してきた主題で、神殿に捧げられる幼児マリアである。）立っている最初の人物は、救世主を最初に予言した『旧約聖書』の預言者イザヤである。ついで救世主の誕生を告げる大天使ガブリエルと

45　西正面右側サンタンヌ（聖女アンナ）扉口のタンパン

46　13世紀に新しく付け加えられた部分（黒線内側）

聖母マリア（《受胎告知》）、歳をとって同じく懐妊した従姉妹聖女エリザベートを訪れる聖母マリア（《聖母訪問》）、《キリスト誕生》（聖母は衣で被われた長いベッドに横たわっている。その足上に幼児用寝台があり、その中で幼児キリストが静かに眠り、牛とろばとが彼らの息で幼児を温めている。雲の中では、三人の天使が救世主の誕生を祝福している。聖母の右側には、口髭をはやした歳とった夫ヨセフが頬杖をつきながら眠りに入っている）、《羊飼いへのお告げ》（二人の羊飼いたちは顔を上げ、二人の天使による救世主の誕生のお告げを聞いている）、そして最後に、ヘロデ王を訪れた三人の博士（王）が続いている。ヘロデ王は、衣を広げて椅子に坐り、その左側には彼の二人の従者、そして右側には冠をかぶった東方から来た三人の博士（王）が、ヘロデ王の返事を待っている。

このように、楣部上層は、救世主キリストの幼年期、すなわち聖母マリアを中心とする物語が表現されている。それは、上部のタンパンの《幼児キリストを抱く聖母マリア》の主題へと続いていくのである。

ロマネスク時代に、三つの扉口彫刻を持つ聖堂（ヴェズレーのサント・マドレーヌ聖堂、サン・ジル・デュ・ガール聖堂）においては、一見《幼児キリストを抱く聖母マリア（聖母子像）》と見えたものは、実は《三王礼拝》の主題だったのである。正面性で坐る聖母子像の両側には、東方からキリストの誕生を祝ってやって来た三人の博士（王）が表現されているからである（図47・48）。

ところがパリ大聖堂の場合、《聖母子像》は正面的に坐ってわれわれに向い、その上、天蓋の中に入れることにより、他の人物よりその聖なる存在をより強く主張している。そこには、もちろんのこ

47　サント・マドレーヌ聖堂（ヴェズレー）の《三王礼拝》

48　サン・ジル・デュ・ガール聖堂（プロヴァンス）の《三王礼拝》

と、もはや東方の三人の博士（王）の像は見られない。説話的一場面としての《三王礼拝》から、独立した礼拝像的な《聖母子像》へと変っているのである。そこに、ロマネスクから、聖母崇拝の高まりを反映したゴシックへの発展を見ることができるのである。

ゴシック美術とともに、「神の母（テオトコス）」としての聖母マリアの地位が高まっていく。ゴシック時代のほとんどの大聖堂が、ノートル・ダム（聖母マリア）に捧げられるようになる。こうした聖母崇拝の高まりが見られるのが一二世紀中ごろからであり、その前例として、パリのノートル・ダム大聖堂がある。一二世紀に制作された聖母マリアに捧げられたこの右側扉口が、一三世紀の西正面扉口として採用されたのも、それが聖母マリアを賛美する主題だったからである。

○「聖女アンナの扉口」といわれる理由

ではこの右側扉口は、一八世紀に、モンフォーコンにより、なぜ「聖女アンナ（サンタンヌ）の扉口」と呼ばれたのであろうか。前述したように、アンナとは、マリアの母の名前である。

一三世紀の新しい西正面の扉口として、この一二世紀の扉口が採用された時、すでにあった楣部の下に、さらに下層の楣部が付け加えられた。実は、そこに表現されている主題が、聖母マリアの誕生にまつわる母アンナの物語なのである（図45）。

しかし、ここでは物語は、素直に左から右へと連続していない。最初の場面は、楣の右側の真ん中あたりにある神殿から始まる。

三葉形にされた二重のアーケードで表現された神殿の中には、三人の人物がいる。子供がいないことを悩んでいたアンナとヨアキムは、贈物を持って神殿を訪れている。しかし、燃えるランプのある祭壇の前にいる大司祭は、彼らの贈物を拒否する。なぜなら、子供のいない結婚は、破門制裁される法があったからである。

ヨアキムは身の回りの物をまとめ、連れとともに砂漠に逃れていく。この場面は、楣の右端にあるが、面白いことに次の場面は、楣の外側の弧帯の一番下の部分へと続いていくのである。

彼は羊を飼い、羊飼いたちとともに生きた（右側内側から一番目の弧帯）。時に天使が現われ、神がヨアキムの願いを聞き入れ、彼に子供をさずけることを告げる（二番目の弧帯）。彼は急いで立ちあがり、杖を取ってエルサレムへと向う（三番目の弧帯）。時を同じくして、アンナのところにも天使が現われ、懐妊の予告をする（この場面は、楣の中央部分にきている）。そして二人は、黄金門で劇的な出会いをするのである（四番目の弧帯）。

ついで物語は、楣の中央部分から左へと展開する。聖母マリアは、母アンナと父ヨアキムのもとに生まれる。神殿で育てられ、優雅で美しい女性へと成長していく。人びとは、彼女を結婚させようとする。夜なべで彼女を見守っていた大司教は、神に結婚相手の選択の方法をうかがう。結婚志願者たちは、ハシバミの花の細い棒を祭壇に置く。そして、夜の間にその棒から花が咲いた棒を置いた人物が選ばれた人だという。

すでにかなりの年寄りであったヨセフは、馬で到着した（楣の左端）。彼が置いた棒から花が咲いたのである。次の場面では、聖女アンナがヨセフに近づいて行っている。他方、他の志願者たちは（左側弧帯の一番下の列にまでいる）、失望し、彼らの実のならない棒を折っている。

続く右側は、マリアの結婚の儀式である。ランプのともる祭壇の前で、大司教は、マリアとヨセフの結婚を祝っている。子供のように若々しいマリアは、あきらめるかのようにわずかに頭を傾け、その右手はヨセフにあずけられている。マリアの背後には、マリアの手をとる父親ヨアキムと母親アンナが立っている。

しかし、楣の中央部分に、ヨセフは不安そうに立っている。彼は、マリアの処女による懐妊を信じなかったのである。その右側では、雲の中から天使が現われ、マリアが神の子を身ごもったことを告げている。ヨセフは、急いでマリアの足元にひざまずき、彼女に許しを求めている。他方、マリアはヨセフを立ちあがらせようとしている。

次の場面では、二人は手を取り合い、ナザレの彼らの小さな家へと向っている。実になごやかな情景である。このように、下層部の楣では、聖女アンナと聖母マリアの結婚の次第が、牧歌的な手法で表現されているのである。

尖頭アーチ状の四層の弧帯に配された人物群は、内側に七体ずつの天使、後の三つの層には、黙示録の長老（楽器を持つ）、『旧約』の預言者、王、が配されている。全体で六〇体あるが、そのうち一二体が一三世紀のもので、後の四八体が一二世紀にさかのぼる。なお三つの要石も一三世紀に付け加えられた部分である。

○人像円柱の主題

最近の発見で、改めて注目されたのが、側壁を飾る八体の人像円柱である。中央柱にあるパリの司教聖マルセルの像とともに、現在パリ大聖堂の側壁を飾っている八体の人像円柱は、破壊後に、建築家ヴィオレ・ル・デュックによる一九世紀の作品である。

しかし前述したように、一九七七年に発見された彫刻の断片は、破壊された八体の人像円柱の多くの部分を含んでいた。破壊される以前に、ベルナール・ド・モンフォーコンによってなされた八体の人像円柱のデッサン（素描）との照合により、その全体像がかなり明らかにされたのである（図40）。再構成された扉口彫刻は、パリ市内のクリュニー美術館の中に展示されている（図49）。

個々の人物についていえば、右側壁と左側壁の内側の像を除き、他の人物はすべて王冠をかぶっている。それゆえ、このデッサンを出版したモンフォーコンは、それらをメロヴィング王朝の王たちとした。実際一八世紀の人びとは、それらがフランス王家の王たちとして考えていたのであり、それゆえにこそ、フランス革命

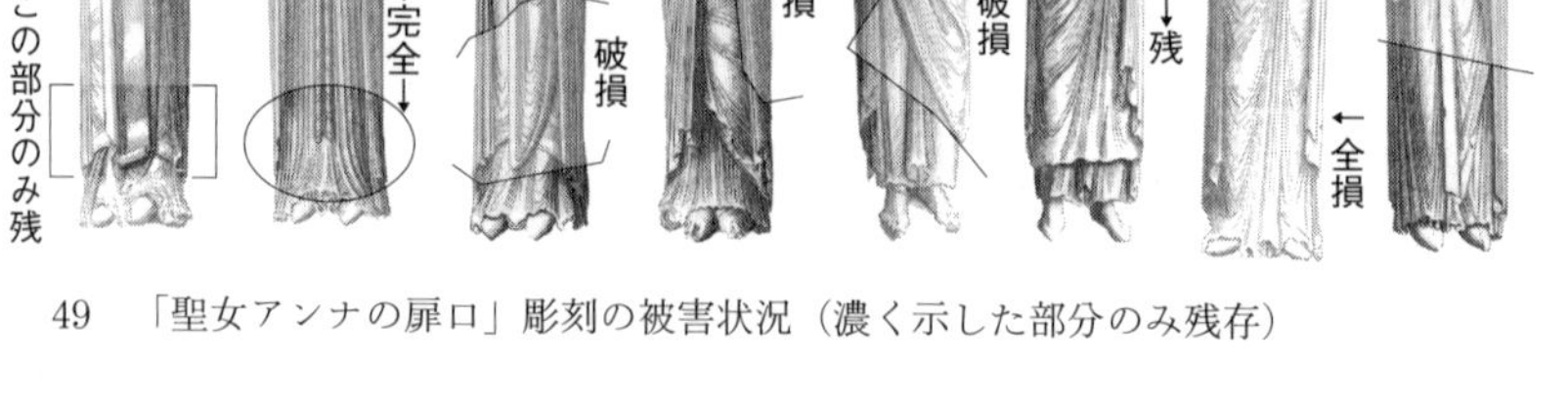

49　「聖女アンナの扉口」彫刻の被害状況（濃く示した部分のみ残存）

時に破壊されたのである。

まず右側壁の四体の像（図50）は、内側（図の左側）の一体を除き、他の三体は王冠をかぶっている。内側の像は、本（聖書）を持つのみであるが、禿頭に近い頭に特徴を見せている。禿頭は、精力的に伝導をして歩いた聖パウロに与えられた特徴である。

次の王冠をかぶった人物は（その頭部はメトロポリタン美術館にある（図44））、楽器を両手に持っているゆえに、『旧約』の「詩篇」の作者とされているダヴィデである。

次の女性は、ヴェールと王冠をかぶり、手に巻物を持っている。巻物は、『旧約聖書』の預言者に与えられる属性である。それゆえ彼女は、『旧約聖書』の女預言者であろう。

最後の人物は、王冠をかぶり、権力の象徴である司杖を左手に持っているゆえに、一見王のように思える。しかしよく見ると、右手に『旧約聖書』の預言者の象徴である巻物を持っているのに気付く。ふつう、王たる人物は、権力の象徴たる司杖を右手に持つのである。それゆえ、彼が左手に持っているのは王の司杖ではなく、彼は、救世主の誕生の予言をしたイザヤではないのかと推測されている。


「エッサイの株から一つの芽が出、その根から一つの若枝が生えて実を結び、その上に主の霊がとどまる」。（「イザヤ書」第一一章一節）

すなわち、彼が左手に持つ杖は、エッサイの樹（株）なのである。それは、シャルトル大聖堂北側袖廊中央扉口に表現されたイザヤが、左手に持っている杖と彼が持っている杖とが似ているところからも裏付けられる（図51）。実際イザヤは、救世主の誕生や受肉化を予言したのであり、彼の予言のよ

50（上）右側壁の四体の像　　52（下）左側壁の四体の像

うに、上部のタンパンには《聖母子像》が出現しているのである。

左側壁の四体の像（図52）の内側から（図の右から）最初の人物は、髪とあご鬚とがちぢれ毛になり、左手に鍵を持っている。これは天国の鍵であり、キリストがペテロに与えた鍵である。聖ペテロは、伝統的に白髪のちぢれ毛で表現された。キリストの第一の弟子、ローマ・カトリックの総本山サン・ピエトロ（ペテロのイタリア語読み）大聖堂に捧げられた聖人が、反対側の伝道師聖パウロと向い合っているのである。

次の王冠をかぶり、王の司杖を右手に持っている人物は、ダヴィデ王の子ソロモン王である。父と子は、右側壁と左側壁の同じ場所で向い合っている。

次の女性の特徴は、ウィンプルという修道女が着るヴェールを付けていることである。ウィンプルは、未亡人を象徴する着物である。これと同じ姿の女性は、シャルトルやル・マンの人像円柱のなかにも見られる。ボーリュ氏は、彼女の隣に立つ人物との関係で、次のように推論した。

彼女の隣で、王冠をかぶって立つ人物は、左手に預言者の持つ巻物を持っている。それゆえ、反対側（右側壁）

51（右）シャルトル大聖堂南袖廊のダヴィデ。足下にいる人物からエッサイの木が出ている。
（左）シャルトル大聖堂北側袖廊中央扉口のイザヤ

の対応する場所にいる預言者イザヤとの関係から、この像は、『旧約聖書』の預言者の一人であることがわかる。預言者と未亡人の関係でいえば、預言者エリヤの名前が想起される。それは、「列王紀」上一七章八―二四節に語られている物語である。

エリヤは、干からびた川の近くで、死ぬほど喉を渇かせていた。その時、主の言葉が彼（エリヤ）に臨んで言った。「立ってシドンに属するザレパテへ行って、そこに住みなさい。わたしはそのところのやもめ女に命じてあなたを養わせよう」。ザレパテのやもめ女は、彼の息子とともに、食事を用意するためのたきぎを集めていた。エリヤは、彼女に水を持ってくるよう、そして、「主が雨を地のおもてに降らす日まで、かめの粉は尽きず、びんの油は絶えない」という予言をしながら、「手に一口のパンを持ってきてください」と祈願したのである。

西欧中世時代には、この物語は、神学者たちによって象徴的に解釈された。ザレパテのやもめ女は、ユダヤ教が認めようとしなかった主を迎え入れるキリスト教教会以外の何ものでもない。彼女は、洗礼の秘跡を信じることを表明するため、水を汲み出したのである。彼女は、同時に「歓待」の徳のイメージでもあった。中世の神学者たちによって、このように解釈された預言者エリヤとやもめ女ザレパテの物語が、ここで表現されてなんら不思議はないのである。

右側壁の女預言者に対応する部分にやもめ女ザレパテが置かれ、預言者イザヤに対応するところに、預言者エリヤが配された。

このように、サンタンヌ扉口（右側扉口）の八体の人像円柱は、『旧約聖書』の人物たちと、『新約聖書』の人物とが表現されているのである。ところが、一一四〇年に完成されたサン・ドニ修道院西正面の人像円柱では、すべての像は『旧約聖書』の人物たちであり、『新約聖書』の聖ペテロと聖パウロは表現されていない。一一五五年ごろ完成されたシャルトル大聖堂西正面扉口人像円柱でも、すべては『旧約聖書』の人物たちである。それゆえ、ノートル・ダム大聖堂では、それまでと違う新しい図像が、側壁の人像円柱の歴史上に現われているのである。聖ペテロと聖パウロという『新約聖書』の人物を付け加えたのは、『旧約聖書』から、救世主キリストやその母マリアへと至る道への、仲介的役割が新たに彼らに与えられたのである。

○人像円柱の年代設定

こうした個々の像を特定することの困難さは、この扉口彫刻のおのおのが同時代に制作されたのではないのだ、という方向に導いていった。ある美術史家は、一二一〇年に新しいゴシックの扉口が制作された時に、かつての多くの扉口彫刻を、このサンタンヌ（右側）扉口で一つにまとめたのだ、という結論にまで導いていった。しかしこの仮説は、確かに異なった彫刻家の手がそこに認められるにもかかわらず、それらを越えた様式の統一性があるという事実によって退けられた。すなわち、側壁の八体の人像円柱、楣《まぐさ》（下層の一三世紀の楣は除く）、弧帯の彫刻群は、全体的な統一を主張している明らかな関係を持っているのである。

円柱を背にして立つ人像円柱は、一一四〇年六月九日に完成されたサン・ドニ西正面扉口に、最初

53（右）モンフォーコンによるサン・ドニ西正面扉口の人像円柱のデッサン

54（左）シャルトル大聖堂西正面扉口の人像円柱

に現われた。それらは、一部の頭部を残すのみで、破壊される前になされたモンフォーコンによるデッサンでしか知られていない（図53）。

その約五年後始められたシャルトル大聖堂西正面扉口は、同様に人像円柱で飾られ、一一五五年ごろ完成された。それ以降、一二世紀後半は、人像円柱の時代といわれ、ほとんどの聖堂扉口が人像円柱で飾られた（図54）。

パリのノートル・ダム大聖堂も例外でなかった。しかし、問題となるのは、その制作年代である。かつては、司教モリス・ド・シュリー時代の一一六三年に新しいゴシックの大聖堂の建造が始まり、この扉口彫刻は、その時に制作されはじめ、一一八〇年ごろには終えられた、ということが定説になっていた。しかし、一九七〇年の、J・ティリヨン氏による綿密な調査は、これらの彫刻は、それ以前の聖堂のために制作され、一二一〇年ごろの新しいゴシックの扉口に再採用されたものであることを明らかにしたのである。彼は、最も古い部分を一一五〇年ごろとし、新しい部分は一一六五年ごろとした。

最近（一九七七年）発見された人像円柱の断片は、ティリヨン氏の論の正しさを再確認させた。聖パウロの像は（図41）、背後の円柱の線に沿って真っ直ぐに伸び、モンフォーコンの素描の正確さを実証したのである。像全体は、円柱の線と呼応して伸びていき、その線からの逸脱を許していない。これは、まさに前時代のロマネスク彫刻に見られる「枠組の法則」に従っているのである。

「枠組の法則」とは、背後の建築が提供する「枠組」を、彫刻がいかにぴったりと埋めていくかにより、彫刻の形態が決定される、というロマネスク彫刻の形態決定原理ともいえるものであった。人像円柱の場合、背後の建築空間といえば、それは円柱である。背後の円柱からの逸脱を嫌い、その線に従って垂直的に伸びている人像円柱は、まさにロマネスクの彫刻の「枠組の法則」の典型と見られるのである。

しかし、人像円柱には、前時代のロマネスク彫刻にない新しい美意識が表明されている。それは、三次元（現実）的なヴォリューム感である。ロマネスク彫刻は、原則として平面の上に、絵画的な浮彫りとして彫刻された。しかし、人像円柱の場合、背後にある円柱は平面でない。それゆえ、そこに刻まれる彫刻は、おのずと三次元的な量感を持ってくる。すなわち、人像円柱は、前時代のロマネスク彫刻にない現実的な量感を持ち、独立像的な性格を持ってきた。それこそが新しいゴシック彫刻の精神なのである。それゆえわれわれは、人像円柱のなかに、ロマネスク彫刻の完成と同時に、新しいゴシック彫刻の芽生えを見るのである。ゴシック彫刻史上では、一二世紀後半を人像円柱の時代とし、初期ゴシックとして位置づける。

では、今まであまり問題にされることのなかったパリのノートル・ダム大聖堂の人像円柱は、いかなる位置にあるのであろうか。

一一四〇年、人像円柱が扉口彫刻として最初に現われたサン・ドニ修道院のそれは、先に述べたように素描でしか見ることができない（図53）。それゆえ、とりあえず、その五年後に制作が始められたシャルトル大聖堂の人像円柱を見てみよう。

一一五五年ごろ完成された中央扉口人像円柱（図54）は、ある種のアルカイズムを見せている。人体は円柱の線に沿って極度に長く伸びていき、現実的なプロポーションは無視されている。まさに人像というより、円柱像という感に打たれるのである。衣の襞もこの垂直線に呼応して真っ直ぐに刻まれている。ここで見られるのは、垂直的な線状のリズムである。現実のプロポーションを無視した人体の伸びが目立つのである。これは、まさにロマネスク彫刻の「枠組の法則」に従い、人体の現実的な比例関係よりも、円柱の長さに従って人体の長さが決定された結果である。

ところが、サン・ドニの人像円柱の場合、モンフォーコンの素描によっても、または、かつてその上に人像円柱が置かれていた円柱の長さを見ても、それらはシャルトルのそれより、現実のプロポーションに近い。衣の襞の表現においても、それらは円柱の垂直的線からかなり自由になっている。さらに、身体表現も、脚を交叉させたりして、現実的な自由な身の動きを見せている。人体の比例関係においても、肉体表現においても、サン・ドニの人像円柱の方が、現実の人間に近い。それこそが、ロマネスク彫刻の観念性から、現実的な彫刻になっていくゴシックの精神なのである。それゆえ、一一四〇年にサン・ドニ修道院西正面が完成された時、まだそこには人像円柱は刻まれてなく、シャルトルより後の一一五〇年代にそれらは制作された、という仮説すら提出されたのである。

現代ではこの論は退けられた。やはり、サン・ドニ西正面扉口彫刻は、一一四〇年の完成時に制作されていたのである。ということは、サン・ドニとシャルトルとは、同じ人像円柱とはいえ、まったく異なった傾向の流派を作っていた、といわざるをえない。すなわち、最初に人像円柱を創造したサン・ドニでは、すでにゴシック的な新しい動きを生み出し、その五年後に始められたシャルトルのそれは、前時代のロマネスク彫刻の伝統（ロマネスクの時代には人像円柱は存在しないが）を残した彫刻を生み出したのである。そして、この二つの傾向の人像円柱は、一二世紀後半の人像円柱の中に残っていくのである。

ところで肝心のパリのノートル・ダム大聖堂の人像円柱の場合はどうであろうか。モンフォーコンによって出版された素描、さらには新しく発見された断片による再構成（クリュニー美術館）を見る限り、それらは、シャルトルの人像円柱よりも、サン・ドニのそれに近いのがわかる。衣の襞の表現も、シャルトルのように、円柱の線に沿った垂直的な線を見せていない。特に聖ペテロの左股から脚に至るまでの表現に見られるように、むしろ曲線的な線の遊びがある。円柱という垂直線に従うよりも、自由な線の動きを好んでいる（図43）。それは、むしろサン・ドニの人像円柱につながっていく動きである。

確かに、パリのノートル・ダム大聖堂の人像円柱のなかでも、聖ペテロ像と聖パウロ像（ここにも腹の下に独特の曲線表現がある）（図41）とは、他の六体と違う彫刻家の手になっている。しかし、全体的にみれば、ノートル・ダムの彫刻は、明らかにサン・ドニ系の彫刻といわざるをえない。

著者が不思議に思っていたことは、人像円柱という新しい、かくも偉大な大事業を成しとげたサン・ドニ修道院の彫刻家たちの、後の仕事が見えてこなかったことであった。その影響の跡が見えなかったのである。

他方、シャルトル大聖堂西正面の人像円柱は、イル・ド・フランス地方の多くの聖堂の人像円柱に影響を与えている。エタンプ、ル・マン、プロヴァン、アンジェ、コルベイユ、と一二世紀後半のほとんどの人像円柱は、シャルトルの人像円柱の影響を受けているのである（図55）。

ところが今回の発見により、ノートル・ダム大聖堂の彫刻が明らかになるとともに、サン・ドニの彫刻とパリのノートル・ダム大聖堂のそれとは、深い関係があることがわかった。私見では、一一四〇年にサン・ドニ修道院の彫刻を終えた彫刻家、または彫刻家たちは、パリ大聖堂のサンタンヌ扉口彫刻の制作のために呼ばれた。そして、彼らはそれを一一五〇年ごろに完成させたのである。

さらに、サン・ドニ、パリ大聖堂の流れをくむ彫刻家たちは、サン・ドニの北袖廊扉口（ヴァロア家の扉口と呼ばれている）の人像円柱の制作にたずさわった（一一六〇年代）（図56）。そして、かつてパリ市内のサン・ジェルマン聖堂にあった「チルデベール王の横臥像」（現在はサン・ドニ修道院内陣部にある。一一六三年）も、同じ系統の動きをはらんだ彫刻家の作品である。そして、こうした傾向の人像円柱が、パリ北郊外のサンリス大聖堂の扉口彫刻（一一七〇年代）へと受け継がれ、より動きをはらんだ、すなわち、背後の円柱から像がはみ出していき、より自由な独立像となっていく盛期ゴシック彫刻へと開花していくのである（図57）。

このように、パリ大聖堂の人像円柱は、失われたサン・ドニ修道院西正面扉口彫刻のスタイルを受け継いだ、貴重な彫刻として注目されるのであり、一二世紀の偉大な彫刻の一つとして、改めて評価されねばならないのである。

55　ル・マン大聖堂の人像円柱

56　サン・ドニ修道院聖堂北袖廊扉口の人像円柱

57　サンリス大聖堂（パリ郊外）の扉口彫刻

2　一三世紀の扉口彫刻

○《聖母戴冠》の扉口（マリアの死と被昇天）

聖母マリア（ノートル・ダム）に捧げれた扉口は、前述した西正面右側扉口（通常聖女アンナの扉口と呼ばれている）のみではない。一三世紀初頭に、新しいゴシック様式のもとに完成した西正面左側扉口（聖母戴冠の扉口）や、一三世紀中ごろに完成された北側袖廊の扉口（通常ポルト・ルージュ〔赤い扉口〕と呼ばれている）も、同様に聖母マリアの栄光のために捧げられた扉口にされている。その上、「赤い扉口」と同様に北側袖廊の「回廊の扉口」と呼ばれている扉口にも、助祭テオフィルスの物語を表現しながら、聖母マリアの栄光を称えている。

このように、一三世紀に新たに制作された三つの扉口彫刻が、聖母マリアに捧げられた大聖堂は他にない。まさに、ノートル・ダム大聖堂にふさわしい主題が選ばれているのである。

しかし、一三世紀ゴシックの扉口には、新しい聖母崇拝の主題が現われている。それは、《聖母戴冠》という聖母マリアの栄光化の最高の主題である。

聖母マリアがいかに生まれ、いかに育ったかの物語は、聖女アンナの扉口彫刻に表現された。しかし、人びとは、同様に、キリストの死後、聖母マリアはいかに生き、いかに死んでいったのかを知りたがった。聖書に記述されていないゆえ、多くの外典が、その後の聖母の生涯について語っている。

『黄金伝説』は、次のように語る。洗礼者ヨハネによって書かれたといわれている外典は、至福者マリアの被昇天の事実を、われわれに伝えてくれる。使徒たちが、布教のため世界のあちこちを回っているあいだ、至福者マリアは、シオンの山の近くの家にとどまっていた。彼女は、生きている限り、信心をもって、彼女の息子が彼女に思い起こさせる場所を訪れた。それらは、彼が洗礼を受けた所、祈り、絶食の場所、受難の場所、彼の墓や、復活の場所、そして昇天した場所などである。そして、エピファヌスによれば、彼女は、彼の息子の昇天後、二四年間生きたという。それゆえ、彼は次のように告げる。聖母は、キリストを一四歳の時に身ごもり、一五歳で彼を産み、そして、彼女は、三三年間彼とともに生き、イエズス・キリストの死後二四年間生きたと。これに従えば、彼女は、死んだ時七二歳になる。

しかしながら、より確かだと思われるのは、彼女は、彼の死後一二年間生き、彼女の被昇天の時、六〇歳であった。なぜなら、教会史によれば、使徒たちが、ユダヤやその回りの国々に説教して歩いたのは、一二年間だからである。

マリアが、自分の息子を失ったことを、容易にあきらめきれずにいた時、大いなる光に取り囲まれ、一人の天使が現われ、主の母としての尊敬をもって、挨拶に来た。

「祝別されたマリアよ。ヤコブに救いを与えた人の祝福を受けなさい。ここに、私が天国からあなたに持ってきたシュロの枝がある。あなたは、それを柩（墓）の前に持って来させるであろう。なぜなら、三日後に、あなたの身体は天上に運ばれるであろうから。あなたの息子は、彼の尊敬すべき母を待っている」（『黄金伝説』）。

こうしたやりとりがあった後、世界中に布教のために散らばっていた使徒たちは、不思議な力によってマリアの家の門の前に運ばれた。彼らにとりかこまれてマリアは死んだ。その時、キリストは、天使や殉教者たちとともに現われ、母親マリアの魂を引きとって、すべての人びとが合唱しているあいだに、再び天へと上っていったのである。

まず西正面左側扉口から見てみよう（図58）。尖頭アーチの内にはめ込まれたタンパンには、三層にわたり、下から上へと物語は展開している（図59・60）。

下層には、『旧約聖書』の「契約の柩」が入った幕屋を中心に、向って右側に『旧約』の三人の王たち、左側には三人の『旧約』の族長か、または司祭と推測されている。彼らは、長い巻物をお互いに持っているが、その上に書かれていた文字は消えている。おそらくそこには、幕屋の中の「契約の柩」が持っている「予型論」的な意味が書かれていたのであろう。すなわち、幕屋の中にある『旧約聖書』の「契約の柩」は、天国に迎え入れられた聖母マリアをあらかじめ予告するものであり、同様に、聖母マリアの体内におけるキリストを予告するものと考えられるのである。

聖母マリアの真の物語は、二番目の層から始まる。ここでは、中央に聖母マリアが横たわり、その身体を、聖母の頭部にいる天使と足元にいる二人の天使が持ち上げようとしている。その回りを、キリストを中心とした十二使徒が取りかこんでいる。中央に立っているキリスト（光輪に十字が付いているのでわかる）は、左手を聖母の腹部に置き、右手で祝福のポーズを取っている。十二使徒のうち、

58　西正面左側扉口

59　西正面左側扉口タンパン上部

60　西正面左側扉口タンパン下部

左端に坐る聖パウロは、その禿頭で識別され、その隣の聖ペテロは天国の鍵を持ち、右端に坐る人物は若々しいゆえに聖ヨハネとわかる。他の使徒たちの識別は不可能であるが、中央のキリストを除き全部で一二人いるため、十二使徒の一人一人であることがわかるのである。

場面の両端にあるイチジクとオリーヴの樹は、ここが埋葬の場所であることを示している。ではこの全体の主題は何なのであろうか。

この主題は、東欧ビザンティン美術の伝統で考えれば《コイメーシス（ドルミティオ）——御眠り》である。すなわち六世紀から七世紀にかけ、ビザンティン美術の中で、この種の絵画表現が出てくるのであるが、ここことは決定的な違いがあることに注目しなければならない。

ビザンティン美術における《コイメーシス（御眠り）》では、死の床に眠る聖母の前に立つキリストは、幼児の姿をした聖母の霊魂を抱いている（図61）。その幼児の姿をした昇天する聖母の霊魂の表現は、しばしば《キリスト誕生》と混同された。

いわゆるこれは、聖母マリアが、死後、キリストと同様に、天に昇っていき、天上の女王として神の御座に近い座を占める、という主題なのである。

ところが聖母マリアは、神と同一視されたキリストのように、神ではない。それゆえ、キリストのように、自力によって昇天することが出来ない。聖母は、神によって天上に持ち上げられたのである。キリストの場合は、「昇天」なのであるが、聖母マリアの場合は、それゆえ「被昇天」と呼ばれるのである。このことは、外国語でもはっきりと区別されている。すなわちキリストの「昇天」は、

Ascensio《アサンシイオ》・羅、Ascension《アサンション》・仏、Ascension《アッセンション》・英、であるが、聖母マリアの「被昇天」は、Assumptio《アッスムプティオ》・羅、Assomption・仏、Assumption・英、である。ドイツ語のみは、両者ともにHimmelfahrt（天に上ること）といい、それに、キリストやマリアの言葉を付け加えて区別している。

ここでもう一度、パリのノートル・ダム大聖堂の西正面左側扉口を見てみよう。ここでは、今ビザンティン美術の《コイメーシス（御眠り）》で見た、死せる（昇天する）聖母マリアの霊魂（幼児の姿）はなくなり、その代りに、二人の天使が聖母マリアの身体を持ち上げようとしていることである。すなわち、ビザンティン美術の《コイメーシス（御眠り）》では、死せる聖母の身体から、霊魂だけが天に昇っているのに対し、ここでは、肉体も一緒に天に昇る表現になっているのである。初期のビザンティン美術における、眠る（死せる）聖母マリアの霊魂を、キリストが呼びさまし、それを肉体から取り出して天国に運ぶ、という「霊魂の被昇天」から、聖母マリアの霊魂のみでなく、肉体も天国に運ぶという「霊魂と肉体の被昇天」に変っているのである。これは、厳密な意味では、《コイメーシス（御眠り）》から、《アッス

61　ラ・マルトラーナ聖堂の《コイメーシス》（イタリア、パレルモ）

ムプティオ（被昇天）》への変化である。そしてこの変化こそが聖母崇拝の高揚を示すものなのである。

しかし、パリのノートル・ダム大聖堂の場合、《聖母の御眠り（死）》と、《聖母の被昇天》という異なった主題が、同一場面の中で統合されている、といわざるをえない。というのは、西欧美術の場合、《聖母の御眠り（死）》と、《聖母の被昇天》という二つの主題は、《聖母戴冠》という主題に伴って現われてきたのである。通常、これらは、《聖母の御眠り（死）》、《聖母の被昇天》、《聖母戴冠》という順に、三段階による主題となっていた。

聖堂扉口彫刻に、こうした三つの主題が最初に表現されたのは、パリ北郊外のサンリス大聖堂（一一七〇年ごろ）においてであった（図62）。

ここでは、タンパンの下の楣《まぐさ》部の部分が二分され、向って左側にキリストと十二使徒に囲まれた、《聖母の御眠り（死）》が表現され、右側には、軽やかに飛翔する天使たち（六人もいる）によって聖母の身体が起こされている、いわゆる《聖母の被昇天》とが表現されているのである。そして、その上のタンパンには、天上に運ばれた聖母が、栄光の座に坐り、右側に坐るキリストから祝福されている。マリアは、すでに栄光の冠をさずかっている。いわゆる《聖母戴冠》という主題である。

パリのノートル・ダム大聖堂でも、タンパンの最上層の主題は、《聖母戴冠》にされている。天上に昇った聖母マリアは、キリストの右側（向って左側）の玉座に坐っている。しかし、《聖母戴冠》図像が最初に現われたサンリス大聖堂（柱頭彫刻ではイギリスのリーディグ修道院に先例がある）の

62　サンリス大聖堂（パリ郊外）扉口彫刻

63　マントのノートル・ダム聖堂（パリ郊外）扉口彫刻

それとは、微妙な違いがあるのに気付く。ここでは、聖母マリアに冠をさずけているのは、天上で飛翔している天使なのである。その上、キリストは、右手で祝福を与えるのみでなく、権力の象徴である司杖を左手でマリアに与えようとしているのである。その左右では、燭台を持った天使がひざまずいている。

一二世紀後半（一一七〇年ごろ）から、サンリスで始まった《聖母戴冠》図像では、聖母マリアは、すでに栄光の冠をかぶり、右手に聖書を持ってキリストの右側に坐っている。同じく冠をかぶるキリストは、右手で聖母に祝福を与えている。すなわち、ここでは、聖母に冠をさずけたのは、キリスト以外にいないのである。一一八〇年ごろ、パリ北郊外のマントのノートル・ダム聖堂扉口に現われた《聖母戴冠》も、同様の図像を示している（図63）。

一三世紀初頭にシャルトル大聖堂北袖廊中央扉口に現われた《聖母戴冠》も、聖母のポーズ（両手を広げている）に違いを見せる程度で、聖母はすでに冠をさずかっているのである（図64）。

ところが一三世紀初頭、パリのノートル・ダム大聖堂とともに現われるのは、天使による王冠の授与という新しいタイプの《聖母戴冠》図像である。その上キリストは、権力の象徴たる司杖を、聖母マリアに与えようとしているのである。

パリ大聖堂の天使による聖母マリアへの戴冠は、一二三〇年代に、アミヤン大聖堂西正面右側扉口へと受け継がれた（図65）。ここでも、マリアに冠をさずけているのは天上の天使である。しかし、ここでも微妙な違いがでている。それは、マリアの表現である。パリ大聖堂では、キリストが聖母に差

64　シャルトル大聖堂北袖廊中央扉口《聖母戴冠》

65　アミヤン大聖堂西正面右側扉口《聖母戴冠》

66　北側袖廊赤い扉口《聖母戴冠》

し出していた権力の象徴たる司杖を、アミヤンでは、すでに聖母が右手にしている。ここでは、あたかも、キリストより聖母マリアの方が位が上であるかのような表現になっているのである。聖母崇拝が、年代とともに高揚していくさまが、《聖母戴冠》表現の変遷のなかに見られるのである。

天使による聖母マリアへの冠の授与という《聖母戴冠》のタイプは、パリのノートル・ダム大聖堂西正面扉口彫刻で創造された（一二一〇―二〇年）。同じノートル・ダム大聖堂の北側袖廊赤い扉口でも、タンパン彫刻に、やはり天使による《聖母戴冠》が表現されている（一二六〇年ごろ）（図66）。ここで両側にひざまずくのは、時のフランス王ルイ九世と、彼の妻マルグリット・ド・プロヴァンスとである。

パリ大聖堂の《聖母戴冠》図像は、サンリス大聖堂以来発展してきた主題を、新たな天使による戴冠という方向に導いていった。その上、他の聖堂では、《聖母の御眠り（死）》と、《聖母被昇天》という別々に表現されている主題を、死の床に立ち会う十二使徒と、マリアの身体を天に運ぶ二人の天使とを同一場面に表現することにより、大胆にも統合したのである。

ここで見られるのは、全体を貫いている左右相称性である。戴冠の場面で左右にひざまずく天使、キリストを中心に左右相称的に並ぶ使徒たち、左端と右端にある樹、その隣に坐る聖パウロと聖ヨハネ、横たわる聖母の身体を持ち上げている二人の天使、下層で三人ずつ並んでいる『旧約』の王と司祭たち、すべてに左右相称性の原理が貫かれている。それが全体を、安定した静なる場面にしているのである。

個々の人物表現も、現実の人間に近い比例関係や、肉体表現を見せている。端正な表情に、静かな身のこなし。これらの要素は、一二一〇年代に現われる盛期ゴシック彫刻の様式的特徴である。右側聖女アンナの扉口の、なお前時代のロマネスク様式の名残りがある初期ゴシック彫刻から、端正な盛期ゴシック彫刻へと時が移っているのがわかる。

時は、まさにゴシック美術が、パリの地で、フランスの地で、華やかに開花し、結実しつつある時なのである。

○助祭テオフィルスの物語（回廊の扉口彫刻）

聖母マリアを賛美する扉口彫刻が、もう一つある。それは、北側袖廊部分にある「回廊の扉口」と呼ばれている扉口彫刻である（図67）。

尖頭形アーチ状のタンパンは、三層に分割されている。下層は、キリストの幼年期の物語が表現されている。すなわち、左から右へ《キリスト誕生》、《神殿にキリストを奉納する》、《嬰児虐殺》、《エジプトへの逃避》と続いている。

二層目と最上段とが、聖母マリアの奇跡の物語、すなわちテオフィルスの物語になっている。

小アジアの南東部の地方キリキアのアダナの司教の助祭であったテオフィルスは、司教の後継者をめぐって、他の人たちと競うことになった。彼は、ユダヤ人の魔法使いに相談に行き、悪魔と契約すれば司教になれるという約束を得るのである。

67　北側袖廊「回廊の扉口」タンパン

二層目の左端では、ユダヤの魔法使いは、悪魔の前にひざまずいているテオフィルスに、悪魔を紹介している。テオフィルスは、両手を悪魔にゆだねている。魔法使いは、左手をテオフィルスの肩に置き、右手には契約書を持っている。

次の場面では、悪魔との契約により司教になったテオフィルスは、金持ちになり、悪魔からもらった金を分配している。

後悔に責めさいなまれたテオフィルスは、悪魔との契約から自由の身になれるよう、聖母マリアに祈るのである。テオフィルスは、聖母マリアの祭壇の前にひざまずき、悪魔から解放されるよう祈っている。そしてマリアはそれを聞き入れたのである。

右端では、十字架の長柄のような刃をふりあげた聖母マリアは、悪魔を攻撃し、契約書を二つに切りさいている。テオフィルスは、聖母の後《うしろ》でひざまずき、祈っている。

最上段では、中央にアダナの司教が坐り、驚いている人びとに、テオフィルスと悪魔とを結びつけた契約書を見せ、その奇跡の物語を説明している。ミトラ（三角帽）をかぶった司教の左側でその話を聞き入る人物は、テオフィルスと推測されている。

ここでは、助祭テオフィルスの物語を表現しながら、賛美されているのは、聖母マリアの徳なのである。すなわち、神への仲介者としてのマリアの力と、罪人をも解放していく慈悲の精神である。

「汝は慈悲の母である。汝の恩恵は、テオフィルスを生まれ変らせ、惨めで、不浄な深淵から、彼をひき出したのである」。

聖母の祭式の典礼文で歌われている文である。回廊に向う僧たちは、この扉口を通りながら、テオフィルスの物語を想起し、聖母マリアの慈悲の精神に触れたのである。

この扉口の中央柱の上に立つ幼児キリストを抱いた《聖母像》（図68）は、この扉口が、テオフィルスの物語を表現しながら、中心になっているのは、聖母マリアであることを物語っている。《聖母像》は、この扉口では唯一大きな像であるが、一二五〇年代のゴシック彫刻の、優雅な姿を伝えている。聖母は、わずかに腰をひねり、頭も背後の角柱からはみ出るほどの傾きをみせ、一二一〇—三〇年代の静的古典的な様式からの変化を見せている（幼児キリストは破壊されている）。

ゴシック大彫刻の発展は、初期ゴシックの人像円柱から始まり、一二一〇—三〇年代の理想的比例関係や形態を追求した古典的時代をへて、一二五〇年代には、それがより洗練された優雅な様式へと変化していった。すなわち、一二三〇年代に完成された古典的様式（アミヤンの「美しき神」など）は、比例関係はより長くなり、人物の身体の動きもより優雅な、洗練の時代（様式）へと変るのである。

そして、こうした一二五〇年代の優雅なゴシック彫刻の傾向が最も顕著に現われているのが、西正面中央扉口の《最後の審判》彫刻である。

68　北側袖廊「回廊の扉口」中央柱《聖母像》

3 《最後の審判》

○西正面中央扉口彫刻《最後の審判》

ゴシック大聖堂は、通常、西正面部に三つの扉口を持っている（ブールジュは五つ）。その中で、中央扉口は、例外なしに、《最後の審判》になっている。パリのノートル・ダム大聖堂も、その例外ではない。

パリ大聖堂では、左右の扉口が聖母マリアに捧げられ、中央扉口は、《最後の審判》の主題にされている（図69）。

タンパンの最上部では、審判者キリストが両手をあげ、玉座に坐っている（図70）。彼の左右には、キリスト受難の道具を持った天使が立っている。右側の天使は十字架を持ち、左側の天使は槍と釘を持っている。両端では、二人の人物が合掌しながら、ひざまずいている。右側の男性は洗礼者ヨハネであり、左側の女性は聖母マリアである。聖母は、すでに栄光の冠をかぶっているが、キリストの前にひざまずいている。すなわち、ここでは、聖母マリアがキリストに、仲介者として、人びとの救済を願っているのである。マリアの、神へのとりなしという役割が、ここでは明確にされている。

タンパンの下の二層になった楣部《まぐさ》は、一七七一年に、建築家スフロ Soufflot により、尖頭形のアーチの切り込みが入れられ、中央部分は破壊された。スフロは、新古典様式を示す有名な神殿パンテオ

69　西正面中央扉口彫刻《最後の審判》

70　審判者キリスト

71　1839年の銀板写真

ンの建築家である。彼は時の司教の要請により、この中央扉口の中央柱と、側壁の像とを取り除いた。それは、聖行列の時、聖遺物を守る天蓋がその扉口から出入り出来ないから、という単純な理由からであった。一八世紀という時代は、聖堂建築や、それを飾る彫刻や壁画に、実に心もとないことをやったのである。自分たちの時代の様式を、「偉大なる趣味　grand goût」として絶対視し、特に中世芸術を無視した時代だったのである。

一八三九年の銀板写真によると、二層の楣部の中央部分のほとんどは、スフロによって挿入された尖頭アーチにより、破壊されているのがわかる（図71）。スフロによる工事以前になされた素描は、中央柱のキリスト像や、側壁の十二使徒の像をはじめとして、二層にわたる楣部の全体を伝えてくれている（図73）。

現在の楣部、中央柱、側壁の彫刻は、一九世紀に建築家ヴィオレ・ル・デュックによる改築部分である。破壊以前（図74）、破壊後（図71・72）、修復後の現在（図75・付録4）の扉口彫刻を比較してみれば、扉口彫刻がたどってきた歴史が、よりよくわかるであろう。

破壊以前の素描から、二層の楣部の主題は今日のそれと変っていないのがわかる。しかし、下層は、ヴィオレ・ル・デュックにより、完全に新しく作り変えられている。ここは、天使の吹くラッパの音とともに、墓から甦る人たちである。左右の端でラッパを吹く天使は、その断片が、現在クリュニー美術館（現・中世美術館）に保管されている（図76）。一二五〇年代の晴朗で優雅な様式を偲ばせる断片である。

72（上右）破壊後の銀板写真（部分、1840年）

73（上左）破壊以前になされた西正面中央扉口の素描

74（下）破壊以前の銅版画（1699年）

75　現在の《最後の審判》

76　ラッパを吹く天使（2点とも、クリュニー美術館）

上層の楣部は、中央部分の魂の重さをはかる大天使ミカエルと、すごい形相の悪魔を除き、一三世紀の部分が残されている。ここでは、天国へ行く人と、地獄へ行く人の選別である。ミカエルのはかる魂の重い方向、すなわちキリストの右側が天国へ行く人びとであり、左側が地獄に行く人びとである。

左側では、悪魔が鎖をひきながら、人びとを地獄の淵へと導いている。その主題は、六層ある弧帯の最下層の部分にまで続いている。

六層になった弧帯では、内側から二番目の層までが、放射状に半身で配された天使たち、三層目は『旧約』の族長や預言者たち、四層目は聖書を手にした聖職者たち、五層目はシュロの枝を手にした殉教者たち、六層目に冠をかぶった聖処女たちが、それぞれ椅子に坐っている（付録4）。

○歴史的にみた《最後の審判》表現

パリのノートル・ダム大聖堂中央扉口で定式化した《最後の審判》図像は、いかに形成されたのであろうか。

最後の審判については、聖書には、次のように記されている。

「人の子が栄光の中にすべての御使《みつかい》たちを従えて来るとき、彼はその栄光の座につくであろう。そして、すべての国民をその前に集めて、羊飼が羊とやぎとを分けるように、彼らをより分け、羊を右に、やぎを左におくであろう。そのとき、王は右にいる人びとに言うであろう、『わたしの

父に祝福された人たちよ、さあ、世の初めからあなたがたのために用意されている御国《みくに》を受けつぎなさい。』（中略）

それから、左にいる人びとにも言うであろう。『のろわれた者どもよ、わたしを離れて、悪魔とその使たちとのために用意されている永遠の火にはいってしまえ。あなたがたは、わたしが空腹のときに食べさせず、かわいていたときに飲ませず、旅人であったときに宿を貸さず、裸であったときに着せず、また病気のときや、獄にいたときに、わたしを尋ねてくれなかったからである』（「マタイ伝」、二五章三一―四三節）。

このように、聖書（「マタイ伝」）の中では、キリストは右側にいるものを祝福し、左側にいる人びとを地獄に送っているのである。聖書では、なぜ右側が良くて、なぜ左側が悪いのかを語っていない（この問題については拙著『黒い聖母と悪魔の謎』第三章「右と左の序列」を見よ）。しかし、これを根拠とし、《最後の審判》図像では、審判者キリストを中心にして、右側（天国）と左側（地獄）の選別がなされるのである。

いわゆる、ある時突然、この世の最後の日がやってきて、その時、生きている人のみならず死者までもが甦り、彼らの魂が神の審判を受け、悪しき者は地獄へ、善良なる人びとは天国へ迎えられるというのである。

キリストが羊とやぎとを右側と左側に分ける、という単純に聖書の記述に忠実な表現は、すでに六世紀に、ラヴェンナのサンタポリナーレ・ヌオーヴォ聖堂のモザイク画に現われている（図77）。それは、バシリカ形式の聖堂の、長い壁面を飾るキリスト伝の中の一場面にすぎない。審判者キリストは岩の上に坐り、右手で白色の三頭の羊に祝福を与えているが、くすんだ色の三頭のやぎのいる左側の手は、紫色の衣の下に隠されている。そして、祝福されたキリストの右側には赤い衣を着た天使が立ち、左側の弾劾されたやぎの後には青い衣の天使が立っている。それゆえ、青い天使は、至上の赤い空から追放された墜落天使、すなわち悪魔の象徴と推測される。

しかし、東欧中世ビザンティン社会では、道徳的な主題にはあまり興味を示さなかった。神に対する彼らの考えからすれば、《最後の審判》図は世俗的であり、聖堂を飾る壁画やモザイク画の主題としては、適当なものと思われなかったのである。

それに対して西欧中世世界では、九世紀以来、《最後の審判》図は、かなり頻繁に表現された。歴史的感覚が発展していた西欧では、はかないこの世に対する感覚と結びつき、歴史には終末があるという考えが広まっていたからである。

現存する最古の作例は、イタリアの国境近くの、スイス、グラウビュンデン地方のミュステールのヨハネ聖堂の壁画である（図78）（かつては、九世紀末頃の制作とされていたが、最近では、九世紀初頭の作品とされている）。

保存状態は良くないが、全体の主題は解読できる。上段は、左から《キリストの再臨》で始まる。二人の天使が持つ円型の光背に包まれ、キリストは、空の中を中央部に向って歩いている。中央部は、後に作られた窓によって破壊されているが、そこには十字架が表現されていたと推測されている。

77　サンタポリナーレ・ヌオーヴォ聖堂（ラヴェンナ）のモザイク画

78　ヨハネ聖堂（スイス、ミュステール）の壁画

右側では《空を毛皮のように巻きとる天使》と、《石棺から出る死者たちの復活》と、最後の日の出来事を順番に並べている。

その下の中段では、中央に半円の光背に包まれ、玉座にキリストが坐り、その回りを天使たちが取りかこんでいる。キリストは両手を広げているが、右手を上げ左手を下げている。審判者キリストである。その左右の六個ずつのアーチの下には、十二使徒が坐っている。

下層では、選別された人びと、すなわちキリストの右側には選ばれた人びとに囲まれた天使たちが識別されるが、左側の地獄に行く人びとはほとんど残されていない。下層の部分は、今日その大部分が祭壇に隠され、見ることができない。

しかし、西欧の《最後の審判》図像は、「マタイ伝」による記述に従い、カロリング王朝時代からオットー王朝時代に確立されていたのがわかる。それらは、壁画表現であったが、聖堂扉口大彫刻で出現してくるのは、一二世紀のロマネスク時代を、そしてそれが真に発展していくには、一三世紀ゴシック時代を待たねばならなかったのである。

他方、悪しき人びとと善良な人びとを左右に選別する主題（「マタイ伝」二五章）とは別に、他の種類の審判図があることも忘れてはならない。それは、この世の終りを予言したという、ヨハネによる「黙示録」の記述を図解したものである。

ヨハネによる「黙示録」（第二〇章一一―一五節）は、次のように語っている。

「また見ていると、大きな白い御座《みざ》があり、そこにいますかたがあった。天も地も御顔《みかお》の前から逃げ去って、あとかたもなくなった。また、死んでいた者が、大いなる者も小さき者も共に、御座の前に立っているのが見えた。かずかずの書物が開かれたが、もう一つの書物が開かれた。これはいのちの書であった。死人はそのしわざに応じ、この書物に書かれていることにしたがって、さばかれた。海はその中にいる死人を出し、死も黄泉《よみ》もその中にいる死人を出し、そして、おのおのそのしわざに応じて、さばきを受けた。それから、死も黄泉も火の池に投げ込まれた。この火の池が第二の死である。このいのちの書に名がしるされていない者はみな、火の池に投げ込まれた」。

一〇世紀中頃から、イベリア半島（スペイン）で多く描かれるようになった『黙示録の注釈書、ベアトゥス本』には、この場面が描かれている。ベアトゥスとは、スペイン北部アストリア山間にあるリエバナの修道僧であったが、七七六年ごろ、彼は「黙示録」の注釈書を書いた。この「黙示録」注釈書は、特にイスラム教徒に支配されていたスペインでもてはやされ、多くのコピー本を生んでいったのである。それをベアトゥス本と呼ぶ。それらは、強烈な色彩感覚で描かれた挿絵でみたされており、美術館に多くの興味を提出しているのである。

ベアトゥスによる原本は残されていない。現存する最古のベアトゥス本は、ニューヨークのモーガン図書館にあるそれである（一〇世紀中ごろ）。ここでは、場面は両紙面にわたって展開している。左側の紙面の最上部に、円型の光輪に包まれ、審判者キリストが現われ、左手に持つ本を右手で示している。それがいのちの書である。その下の三層では、かずかずの書物が開かれているさまが描かれている（図79）。

右側の紙面の方が、さばかれる人びとである。三層に分割された紙面の一番下の層に、裸で火の池に投げ込まれた人びとが表現されている。「黙示録」にもとづいた審判図では、左右の選別という主題は存在しないのである。

なお「黙示録」の中でも、最後の審判と分ちがたく出現してくる他の主題もある。それは、四匹の生き物（人間、鷲、ライオン、牛）と二四人の長老たちにかこまれて御座に坐り、封印がとかれ、世の終りに立ち向う「黙示録」の恐るべきキリストである（「黙示録」第四章一―八節）。

この主題こそが、一二世紀ロマネスク扉口大彫刻の起源となったモワサックのタンパンに現われ、ロマネスク扉口彫刻の主要な主題となっていったのである（図80）。ところが、ロマネスク時代の扉口彫刻では、この主題に、しばしば《最後の審判》図にしか現われない地獄と天国とが左右に、さらには十二使徒までが付け加えられるようになる。アルルのサン・トロフィム聖堂や、サン・サヴァン聖堂の西正面の壁画にまで、こうした傾向が見られる。

しかし、ロマネスク美術は、基本的には、いつも「黙示録」にしがみついている。それが、「マタイ伝」による《最後の審判》に真に変っていくのは、一三世紀ゴシック大聖堂の扉口彫刻を待たねばならなかった。ロマネスクからゴシックへの主要な主題の変化は、《黙示録のキリスト》から、《最後の審判》のキリストへの変化である。また、それは、人を威嚇するような超越的キリスト像から、優しい人間的なキリスト像への変化でもあるのだ。

79　『黙示録の注釈書、ベアトゥス本』（モーガン図書館、ニューヨーク）

80　サン・ピエール聖堂（モワサック）扉口タンパン

◯扉口彫刻のなかでの《最後の審判》図像の発展

前時代のロマネスク聖堂の扉口彫刻では、《キリストの昇天》、《三王礼拝》などの主題もあるが、基本的には《黙示録のキリスト》にしがみついた。

それゆえ、ここでは扉口彫刻の発展史のなかで、パリ大聖堂の《最後の審判》図像を跡づけてみよう。

「神の国」たる聖堂の扉口（入口）を、彫刻が飾ることは、紀元一〇〇〇年を越えたロマネスク時代においてでしかない。絵画（壁画、モザイク画）においても、聖堂内部を飾る伝統は、東欧ビザンティン世界でも芽生えていたにもかかわらず、聖堂外部の扉口を飾る習慣はなかった。

ロマネスク時代の扉口彫刻で、年代の知られる最初の作品は、ピレネー山脈の裾野にあるサン・ジュニ・デ・フォンテーヌ聖堂（一〇二〇年）の扉口である。ここでは、楣《まぐさ》の部分のみに彫刻が現われているが、その主題は使徒と天使に囲まれ玉座に坐る《荘厳のキリスト》であった。一一世紀ロマネスク聖堂の扉口には、まだ《最後の審判》は登場していない。

一二世紀になり、ロマネスク美術がその最盛期を迎えた中頃、《最後の審判》は扉口彫刻として現われてくる。中央高地の山奥のコンクのサント・フォワ聖堂、ブルコーニュ地方のオータン大聖堂、南仏ボーリュのサン・ピエール聖堂の三個所においてである。

しかし、他の大部分のロマネスク聖堂扉口彫刻は、《最後の審判》の主題を選んでいない。西部フランス地方では、トゥルーズのサン・セルナン聖堂から始まった《キリスト昇天》の主題が中心であったが、全体的にみれば、主要な扉口彫刻は、モワサックから始まった四つの生き物（四福音書記者の象徴）に囲まれた《黙示録のキリスト》であった。特に、シャルトル大聖堂西正面中央扉口（一一四五―五五年）にこの主題が採用されて以来、ル・マン、アンジェ、サン・ルー・ド・ノーなどの扉口彫刻は、すべて《黙示録のキリスト》を、その主題として選んでいる。南仏では、アルルのサン・トロフィム聖堂と、サン・ジル・デュ・ガール聖堂の中央扉口が《黙示録のキリスト》にされている。ロマネスク時代の聖堂扉口彫刻の、主要な主題は《黙示録のキリスト》だったのである。

それゆえ、コンク、オータン、ボーリュの三個所に現われた《最後の審判》は、ロマネスク時代では、なお例外的な主題であったといわざるをえない。そして、それぞれは、それ独自の特徴を見せている。

コンクのサント・フォワ聖堂の《最後の審判》では、審判者キリストは、右手を挙げて選ばれた人びとを祝福し、左手を下げて地獄に人びとを送っている。すなわち、ここでは、すでに左右の選別、地獄と天国への選別が、すでに明瞭な形で表明されているのである（図81）。

他方ボーリュのサン・ピエール聖堂の《最後の審判》では、キリストは両手を水平に広げ、脇腹の傷口を見せている。ここでは、すでにキリストの受難の道具（十字架、釘、茨の冠）を持った天使が最上段に現われているが、左右の選別、すなわち地獄と天国への選別は、まだなされていない。墓から復活する人びとは、キリストの足元の左右に小さく表現されたのみである。さらには、十二使徒がキリストの左右に表現され、後の審判図の必要条件が徐々にみたされつつあるのがわかるのである

(図82)。

ブルゴーニュ地方のオータン大聖堂の《最後の審判》では、一極巨大な審判者は、両手を左右に広げ審判を下している。その右側には、十頭身以上もあるひょろ長い十二使徒たちと、その背後に天国があり、左側には、奇怪な姿の悪魔たちと、彼らに責められている人たちとがいる。すべてが超現実的な、この世ならぬ恐ろしい世界である。

しかし、ここで注目されるのは、人びとの魂の重みを秤で計る大天使ミカエルが、キリストの左側に現われていることである。すでに、古代エジプトの『死者の書』の中で、このように死者の魂を計る図柄は現われているが、オータン大聖堂の《最後の審判》の扉口彫刻で、最初に、大天使ミカエルによる魂の重みの計量が現われているのである。魂の重い人びとが天国に行き、軽い人びとが地獄に行くのはいうまでもない(図83)。

このように、ロマネスク時代に現われた三つの《最後の審判》扉口彫刻で、後のゴシック大聖堂扉口彫刻の、主要なテーマとなるものの全部がすでに現われている。しかし、前述したように、ロマネスク聖堂扉口彫刻の主要な主題は、《黙示録のキリスト》だったのである。

それゆえ、ゴシック美術の誕生の地、パリ北郊外のサン・ドニ修道院扉口彫刻で、《最後の審判》の主題が選ばれたことは意味深いのである。ロマネスク美術が最盛期を迎えていた一一四〇年六月九日、サン・ドニ修道院(現カテドラル)西正面部が完成された。それは、三つの扉口を持つ、後のゴシック大聖堂の基本となる形式であった。その中央扉口彫刻の主題として《最後の審判》が選ばれた

81　サント・フォワ聖堂（コンク）の《最後の審判》

82　サン・ピエール聖堂（ボーリュ）の《最後の審判》

83　オータン大聖堂の《最後の審判》

84　サン・ドニ修道院の《最後の審判》

のである。

審判者キリストは、両手を水平に広げ、勝利の十字架の上に坐っている。両手に持つ巻物の文字は消えているが、「マタイ伝」の文章が記されていたと推測されている。その上部では、受難の道具(釘と茨の冠)を持った二人の天使がいる。キリストの両手の下には、十二使徒が左右に並び、キリストの右膝の所には聖母マリアがキリストに向って顔を上げている。その下の層では、墓から復活する人びとが、小さく表現され、キリストの右足元には、時の修道院長シュジェールがひざまずき、祈りの姿で現われている。彼は、四年後に完成される内陣のステンドグラスにも、二個所にもわたって自分を表現させたのである(図84)。

タンパン内では、左右の選別はなされていないが、それは弧帯の一番目の層に展開している。すなわち、キリストの右側の層が天国になり、左側の層に地獄の場面が表現されているのである。大天使ミカエルによる魂の重みを計る場面を除いて、後のゴシック大聖堂の《最後の審判》図像に見られるあらゆる要素が、すでにサン・ドニで登場している。

ところが、面白い事実は、一一四〇年に、ゴシック美術発祥の地サン・ドニで、すでに《最後の審判》図像が出ているのに、一二世紀後半の初期ゴシック彫刻史においては、シャルトル大聖堂西正面中央扉口(一一四五—五五年)の《黙示録のキリスト》が、なお主題の主流をしめているのである。《最後の審判》が、聖堂扉口彫刻の主要テーマになるには、一三世紀の大聖堂時代を待たねばならなかったのである。シャルトル(南袖廊中央扉口)、アミヤン、ブールジュ、ポワティエ、ボルドーなどの大聖堂は、すべて中央扉口に《最後の審判》図像を採用している。

パリのノートル・ダム大聖堂もその一つであることはいうまでもない。《最後の審判》こそが、一三世紀ゴシック時代にふさわしい主題になっていった。台頭してきた市民階級は、人びとを威嚇するような《黙示録のキリスト》像よりは、優しく福音を述べる人間的なキリスト像の方を好んだのである。神への仲介者の役割を果す聖母マリア（《聖母戴冠》）とともに、優しい表情の中で審判を下す《最後の審判》は、不可分な主題となっていったのである。

そして、《最後の審判》と不可分な関係になる主題は、扉口側壁の左右に六人ずつ立つ十二使徒と（パリのノートル・ダム大聖堂のそれは、一九世紀にヴィオレ・ル・デュックによる復元）、十二使徒の下の腰石の部分に現われる「十二悪徳と十二善徳」の表現である。審判を前にして、人びとは地獄に行くべき悪徳について考えさせられるのである。

パリ大聖堂のそれらは、破壊されることなく当時の姿をなお伝えてくれる貴重な作品なのである。

4　ノートル・ダム大聖堂内部の彫刻

○祭壇彫刻

パリ大聖堂内部にある彫刻は限られている。柱頭彫刻は、ロマネスク聖堂のように聖書伝などの物語が刻まれることなく、全部アカンサスの葉にされ、単純化されている。ゴシック大聖堂のほとんどは、その柱頭部分を、全部葉の装飾に変え、そこに旧約、新約聖書伝や聖人伝などの表現をしなくなったのである。人びとの目にとどくには、柱頭の位置が高くなったため、そこにあえて人びとに語りかける主題を表わすことをしなくなったのであろう。

われわれがパリ大聖堂の内部に入るや、すぐに目に入ってくるのは、ひときわ明るい光の当てられた内陣の東端にある祭壇彫刻である（図85）。

結婚して二三年間も子供がいなかったルイ一三世は、聖母マリアに願をかけるため、ノートル・ダム大聖堂の内陣の、新しい装飾を完成させた（一六三八年）。聖歌隊席と祭壇彫刻とがそれである。祭壇は、彫刻家コワズヴォ（一六四〇―一七二〇年）による《ピエタ》がしめている（図86）。《ピエタ》とはイタリア語で哀悼などの意味であるが、美術的には、死せるキリストの身体を抱いて嘆き悲しむ聖母マリア像のことをいう。

《ピエタ》の右側には、ひざまずき懇願するルイ一三世（彫刻家ギヨーム・クストー（一六七七―一七四六年）の作）、左側には、その子供のルイ一四世がひざまずいている（彫刻家コワズヴォの作）。すべて、一七世紀・フランス古典期の彫刻である。

内陣の入口には、パリの最初の司教聖ドニの立像が左側に（ニコラ・クストー（一六五八―一七三三年）作）、右側には、一四世紀の《聖母子立像》がある。「パリの聖母」と呼ばれている像である。

85　内陣東端の祭壇彫刻

86　《ピエタ》コワズヴォ(1640—1720年)作

○周歩廊の周壁にあるキリスト伝の浮彫り

内陣を取り囲む石の仕切りの外側にも、極彩色のほどこされた浮彫りがある。それらは、聖母マリアとキリストの主要な物語である。一四世紀、すなわち後期ゴシック時代の制作であるが、一九世紀にヴィオレ・ル・デュックにより、かなり修復されている。

物語は、北側の内陣では東側から西側に向って《聖母のエリザベート訪問》から《オリーヴ山での祈り》まで続いている。南側の内陣では、「キリスト復活後の種々の出現」というめずらしい主題が表現されている。

背景は、絶対的空間を志向する金地にされ、その中で個々の場面は展開している。一四世紀のゴシック彫刻は、情感表現がいちだんと強くなり、それが写実主義と結びつき、劇的な効果を生んでいる。一三世紀古典的ゴシック彫刻の静的様式と対比をなしているのである。聖なる主題も、日常の卑近なものと融合している。

親しみやすい主題なので列挙しておこう。

北側は、《聖母のエリザベート訪問》から始まる（図87）。通常キリスト伝は聖母マリアへのお告げから始まるのであるが、ここではそれがない。自分の懐妊を知った聖母マリアは、ザカリヤの家を訪ね、従姉であるエリザベートに挨拶し、エリザベートはマリアに祝いの言葉を述べるのである。

その次には、《羊飼いへのお告げ》がくる。雲の中に現われた天使は、羊飼いにキリストの降誕の知らせを真っ先に告げる。空を見上げる羊飼いは、聖母マリアの半分以下のスケールになっているため、その存在はわかりにくい。

そして、《キリスト降誕》が続く。マリアは右手で頬づえをつきながら、ベッドに横たわっている。その上には、聖なる場所を暗示するカーテンが吊されている。

ついで《マギの礼拝》がくる（図88）。マギとはペルシアの占星師のことである。彼らは、星に導かれてベトレヘムに来て、幼児キリストを礼拝する。ここでは、玉座に坐る聖母子に、三人の人物が献物をささげている。聖書には、三人と記されていないが、献物が三種あったところから、三人になっていった。人物も、ロマネスク時代ごろから王たちになっていき、ガスパール、メルキョール、バルタザールという名前すら付けられた。ここに見られるように、ひざまずいて献物をささげる人物は老人であるように、青年（ガスパール）、壮年（バルタザール）、老年（メルキョール）の区別すらされるようになった。すなわち、あらゆる国から、あらゆる世代の人びとが、キリストの降誕を祝って礼拝に来たことになっていったのである。

次は《嬰児虐殺》である（図89）。場面の左端にヘロデ王が坐り、将来ユダヤの王となる者を殺すため、ベトレヘム近辺にいる二才以下の男子を虐殺させる。ヘロデ王の兵士たちの俗悪な顔付きや、泣き叫ぶ母親の表情などに、ゴシック末期彫刻のリアリズムを感じさせている。

続いて《エジプトへの避難》がくる。ヘロデ王が嬰児を殺そうとしているのを知り、ヨセフは、マリアと幼児キリストを連れて、エジプトへと逃れていく。そして、ヘロデ王が死ぬまでエジプトに住んだという。ヨセフはロバをひき、ロバにまたがった聖母に、幼児キリストは抱きついている。母と

87（左から）《聖母のエリザベート訪問》《羊飼いへのお告げ》《キリスト降誕》

88　《マギの礼拝》

89　《嬰児虐殺》《エジプトへの避難》

90　《神殿への奉献》《学者達の間の幼児キリスト》《キリスト洗礼》

子の親愛の情が見事なまでに表現されている。

次は《神殿への奉献》が続いている(図90)。ユダヤ教においては、子供が生まれた時、母親は出産の汚れから身を清めるために、四〇日たってから後に神殿に行き、幼児を神殿に奉献することが義務づけられている。聖母マリアは、祭壇の上に幼児キリストをささげ、シメオンに差し出している。幼児キリストのみがわれわれの方に視線を向けている。通常ヨセフが二羽の鳩を持ってマリアとともに神殿に行くのであるが、ここでは、マリアの後《うしろ》で贈物を持って立っているのは女性である。

次の場面は、前場面と接続している。《学者たちの間の幼児キリスト》という主題である。青い衣を着て立つ聖母は、前場面のシメオンと背中合わせになっている。その前に幼児キリストが立ち、坐っている二人の学者と論争をしている。「ルカ伝」(二章四一―五一節)によれば、これはキリストの幼年期の最後の出来事として記している。

次の場面は《キリスト洗礼》である。キリストは、ヨルダン河で、洗礼者ヨハネにより洗礼を受けた。キリストが河から上った時、聖霊が下り、「これこそわが愛する子である」という声が聞こえたという。ここでは、洗礼者ヨハネが、壺のようなものから、キリストの頭に水をかけて、キリストは合掌の姿で立っている。キリストの右側には、天使が衣を持って立っている。ここから、キリストの公生涯が始まるのである。

次の場面は、キリストの奇跡のなかから、《カナの婚礼の宴》がきている(図91)。カナの婚礼の席で、石がめの水をブドウ酒に変えた、というキリスト公生涯の最初の奇蹟である。テーブルには、キリストと聖母をはじめとして五人の人物が坐っている。新郎新婦は右端の二人である。左端では小さく表現された給仕が石がめを運んでいる。

ついで《エルサレム入城》がくる。キリストは、弟子たちとともに、ロバに乗ってエルサレムに入る。群衆は、衣服やシュロの枝を道に敷いて歓迎したという。ここでは、ロバに乗って入城するキリストと、それに従う四人の弟子のみが表現されている。他方、群衆の方では、一人の男が赤い衣を敷いており、一人の男が樹によじ登って歓迎しているのみである。ここからキリスト受難の物語が始まるのである。

続いて《最後の晩餐》がくる（図92）。テーブルにキリストを中心に十二使徒が坐っている。一番若いヨハネが、キリストの胸に顔をうずめている。「あなた方の一人が私を裏切ろうとしている」とキリストが宣告する劇的な場面である。しかし、ユダの存在は定かでない。

《最後の晩餐》と隣り合わせに、《弟子の足を洗うキリスト》がくる。エルサレムにおける最後の晩餐の前に、キリストは、弟子たちの足を洗う。キリストは、弟子たちの足を洗うことにより、謙譲と愛情とを示したのである。足を洗ってもらっている弟子はペテロである。彼の縮れ毛で識別できる。キリストの背後には、聖母マリアが心配そうに立っている。

最後に《オリーヴ山での祈り》がくる（図93）。弟子たちが寝ているなか、キリストは血の汗が出るくらい神に祈ったという。この後に、キリストはユダの裏切りにより、受難への道へと進んで行く。

しかし、物語は、ここで終っている。

91　《カナの婚礼の宴》《エルサレム入場》

92　《最後の晩餐》《弟子の足を洗うキリスト》

93
《オリーヴ山での祈り》

94
《マグダラのマリア》

内陣南側の仕切り壁の浮彫りは、すべて「キリスト復活後の物語」というめずらしい主題にされている。しばしば表現される主題を中心に、簡単に全体をながめてみよう。

キリストは、復活後、それを証明するため、弟子たちの間に、四〇日間にわたって現われたという(「使徒行伝」一—三)。その最初は、《マグダラのマリア》への出現である(図94)。彼女は、最初その人が園《その》の番人だと思っていたが、やがてキリストだと気付く。その時キリストは、「わたしにさわってはいけない。私は、まだ父のみもとに昇っていないのだから……」と言う。マグダラのマリアはひざまずき、キリストは、シャベルを持って立っている。そのシャベルは、マリアが彼を園の番人と思ったことを暗示している。こうした表現は、一四世紀以降に現われ、自然主義的傾向が強くなったことを示しているのである。

次に《三人の聖女》(図95)に、ついで《聖ペトロと聖ヨハネ》(図96)に現われているが、美術上この表現はめずらしい。

四番目に《エマオの巡礼者たち》に、キリストは現われている(図97)。エルサレムの近くの村エマオに向う二人の弟子たちにキリストが現われ、彼らとともに歩く。彼らは、それがキリストだと知らなかった。村に着き、彼らとともに食卓に着いた。そこでキリストは、パンをとって祝福し、彼らに与えた。彼らは、それでキリストだと気付いたが、キリストは消え去った、という物語である。この物語は、巡礼が流行したロマネスク時代から、好んで表現されるようになった。ここでは、二人の巡礼者とともに歩くキリストと、室内で二人と食事をする場面とが、同じ場面の中で同時的に表現されているのである。

五番目の場面では、《使徒たち》のなかに現われている。エマオの巡礼者たちは、エルサレムに帰り、一一人の使徒に会って、キリストの出現を知らせている。そのとき、彼らの真ん中にキリストが再び出現し、手足や脇の傷を示すのである。しかし、ここでは中央のキリストは衣を着ており、自分の傷口を見せていない。

六番目に、有名な《不信の聖トマ》(図98)が続く。前場面で使徒の前にキリストが現われた時聖トマだけはその場にいなかった。それゆえ、彼はキリストの復活を信じなかったのである。「わたしは、その手に釘のあとを見、わたしの指をその釘あとにさし入れ、また、わたしの手をそのわきにさし入れてみなければ、決して信じない」と。それから八日ののち、弟子たちとトマも一緒に室内にいた時、戸が閉ざされていたのにキリストが現われ、「あなたの指をここにつけて、私の手を見なさい。手をのばしてわたしのわきにさし入れて見なさい。信じない者にならないで、信じる者になりなさい」と言った。そこで主を信じたトマに、「あなたはわたしを見たので信じたのか。見ないで信じる者は、さいわいである」と言ったのである。

この場面は、信仰とは何か、宗教芸術とは何かを示す物語として、しばしばとりあげられた。聖トマの「見なければ信じない」という精神は、西洋実証主義の根源である。ところが、神とは、もともと不可視的な存在なのではなかろうか。そして、われわれ俗人は、神を見ないことには、その存在を信じようとしない。そこから、人びとは、偶像(神の像)を作るようせまられたのである。不可視的

95　《三人の聖女》

96　《聖ペトロと聖ヨハネ》

97　《エマオの巡礼者たち》《使徒たち》

98　《不信の聖トマ》

存在を可視的存在に変えるところに、宗教芸術があったのである。しかし、真の信仰とは、やはり可視的な神の像（偶像）は必要としないはずなのである。

ここでは、室内を暗示する空間の中にキリストが立ち、その脇腹の傷口に、聖トマが右手を差し入れている。他の使徒たちは、左右の窓の中にその存在を示しているのみである。

七番目は《ティベリアの湖での使徒たち》、八番目は《ガリラヤでの使徒たち》（図99）、そして最後は《昇天の日の使徒たち》（図100）への出現という、あまりなじみのない主題が続いている。しかし、キリスト復活後の物語を、これほどまでに重視した表現は、他にはない。そして北側から南側にかけて、受難の場面が削除されているという事実からも、ここでは、キリストの栄光の姿のみが強調されているのである。

99　《ティベリアの湖での使徒たち》《ガリラヤでの使徒たち》

100　《昇天の日の使徒たち》

Ⅳ　図像としてのノートル・ダム

1　中世美術における「悪徳」の表現

○「神」と「悪」

一三世紀ゴシック大聖堂では、《最後の審判》扉口の側壁上に立つ十二使徒の下の腰石の部分に、一二の悪徳が表現されるようになる。審判を前にして、人びとは、どんな悪徳をもってして地獄に追いやられるのかを、知らされるのである。そこには、悪徳に対する救いとしての一二の善徳も、悪徳と対比して表現される。パリのノートル・ダム大聖堂のそれは、一三世紀ゴシック大聖堂で一般的になる悪徳表現の、先駆けをなす重要な作品なのである。

一三世紀ゴシック大聖堂に、特にパリのノートル・ダム大聖堂に表現された悪徳を語る前に、「神」と「悪」の問題、さらには、一三世紀ゴシックにいたるまで、「悪」というものは、いかに考えられ、いかに表現されてきたのかについて言及しておこう。

まず、「神」と「悪」の問題について考えてみよう。

この世は、なぜ、こんなに「悪」がみちあふれているのだろうか。戦争は絶えることなく、人びとは憎しみあい、裏切り、平気で殺し合いをする。『旧約聖書』に語られているように、もしこの世が「神」の創造であるならば、この世に、こんなに悪が氾濫するはずはない。神は、創造されたすべての物を見て、それを良し、とされたのではなかったのか（「創世記」一章三一節）。「悪はどこから来るのか」という古くからの問いに、キリスト教はいかに答えてきたのであろうか。

「世界を創造したのは悪魔である」という二元論にもとづいた異端思想が興ったのも当然であった。実際、一二世紀後半から一三世紀にかけ、南仏ラングドック地方で猛威をふるった異端カタリ派は、こうした立場をとった。彼らにとっては、この世の物質界は、人間の肉体をふくめ、すべて悪魔の創造にされたのである。

もし、神が悪魔を創られたのなら、この二元論はなくなる。しかし、二元論の側からは、「ではなぜ神は、悪魔をお創りになられたのか」という問いが必ずでてくる。

神が、もしも悪魔を創らなかったのならば、神は、もはや全能とはいえない。しかし、もし神が悪魔を創り、その上、悪を行うことを許しているのならば、神は善でも、正義でもなくなる。

こうした問題に対する答えの一つとして、キリスト教の「自由意志」の観念が生まれたという。善を選ぶのも、悪を選ぶのも、人の選択なのである。悪魔に誘惑され、悪に走るものは、地獄に落ち、永遠の苦しみを受ける。それゆえ、悪に誘惑されることなく、清く正しく、強く生きることが要求されたのである。聖堂内外に、悪を象徴する種々のものが表現されたのも、こうした悪に誘惑されることなく、正しく生きるよう警告を発する手段としてであったのである。

○ロマネスク時代の悪徳の表現

ロマネスク時代とともに、聖堂の内外には、悪徳の表現が現われる。それは、聖堂入口の扉口彫刻として、または、聖堂内部の柱頭彫刻としてである。そこには、中世における二つの代表的な悪徳が表現されている。

それは、「貪欲」と「淫乱」である。この二つの悪徳は、実に独創的、かつ具体的な姿で登場している。そして彼らには、身の毛もよだつような悪魔が寄り添っているのである。

「貪欲」は、大きな金袋を首からぶら下げたり（オルシヴァル聖堂〈図101〉）、両手（または片手）に金袋を持っている（オータン大聖堂）。オータンの柱頭彫刻では、両手に金袋を持つ人物の顔は、悪魔のそれのように醜くゆがんでいる。

こうした「貪欲」の姿は、クレルモン・フェラン、エネザ、モリアック、ブリウッドなどの中央高地を中心に、ほとんどフランス全土で見られる。最近の調査によると、フランス全土で、「貪欲」の表現は、ロマネスク時代だけで、五八個所でなされていることが報告されている。

他方、「淫乱」の表現は、聖堂入口で、より衝撃的な姿でわれわれに迫ってくる。

南仏モワサックのサン・ピエール聖堂の扉口彫刻では、全裸の女性の乳房に蛇がかみつき、性器には蛙がかみついているのである。裸体の女性には、腹が出っ張った醜い顔の悪魔が寄りそっている。

101　オルシヴァル聖堂の柱頭彫刻

102　サン・ピエール聖堂（モワサック）の扉口彫刻

中世の薄暗い闇の中でこの像に出合った時、どれほど不気味であったであろうか（図102）。「淫乱」という悪徳には、悪魔のまわし者である蛇と蛙とが、性を象徴する場所に忍び寄る怖さを伝えているのである。「貪欲」が常に男性像であるのに対し、「淫乱」は常に女性像にされているのである。

ロマネスク聖堂で表現された悪徳は、金袋を持った男性「貪欲」と、蛇と蛙にかみつかれた女性像に象徴された「淫乱」が、圧倒的に多い。ボーリュや、ブルグ・アルジャンタルの扉口彫刻では、この二つの悪徳が一緒に表現されており、「貪欲」と「淫乱」とが、ロマネスク時代にいかに重大視され、いかに身近な二つの悪徳であったのかがわかる。人びとが最も犯しやすい、二つの悪徳だったのである。

一二世紀パリの司教モリス・ド・シュリーをはじめとし、同時代の神学者たちも、他の悪徳として「傲慢」をあげながらも、特に「貪欲」と「淫乱」には注意するよう、繰り返し警告しているのである。こうした悪徳が重要視された原因として、L・K・リトル氏は、一一世紀末ごろから一二世紀にかけ、十字軍や巡礼路を通し、人びとが自分の土地から離れ、動き始めたことをあげている。人びとが他の都市に動き始めたことは、土地に結びついた経済的・社会的機構を、貨幣を中心にした経済・社会構造に変えていったのである。都市には、貪欲な両替商や、金貸し商が、豊かな階層として現われた。当時の人びとにとって、金貸し業を中心とする金持ちは、かなり貪欲なあくどい人にみえたのである。

他方、十字軍や、サンティアゴ巡礼などを通し、人びとが自分の土地から離れ旅に出かけることは、人びとの性の乱れを生んだことも当然の現象であったであろう。それを諫めるため、恐ろしい姿の悪魔に身体を攻められる姿で、悪徳を象徴する人物たちは表現されたのである。

ところが、ロマネスク時代には、他の種類の悪徳が、聖堂扉口に表現されている。それは、フランス西部地方のオルネーにあるサン・ピエール聖堂西正面中央扉口に表現されている。この地方独自のタンパンのない中央扉口の弧帯の部分に、六つの悪徳が、それに対応する美徳に攻撃されている姿で、現われている（図103・104）。ここでは、美徳は甲冑に身をかためた女性の姿であり、左手に盾を、右手には槍を持ち、足下にいる悪徳を踏みつけている。悪徳は、醜い悪魔のような姿である。美徳も悪徳も、特別な具体的な形にされていない。それぞれを識別するためには、そこに記されている文字によるしかない。左下から

IRA（怒り）―PATENTIA（忍耐）
LUXURIA（淫乱）―CASTITAS（貞節）
SUPERBIA（傲慢）―HUMILITAS（謙虚）
LARGITAS（寛大）―AVARITAS（貪欲）
FIDES（信仰）―IDOLATRIA（偶像崇拝）
CONCORDIA（調和）―DISCORDIA（不調和）

と続き、六つの悪徳と、それに対応する美徳とが対比されて表現されているのである。

これら六つの悪徳は、いかにして選ばれたのであろうか。そして、甲冑に身をかためた女性像とし

103　サン・ピエール聖堂（オルネー）西正面中央扉口の弧帯

104　サン・ピエール聖堂（オルネー）

ての美徳が、悪魔のような姿の悪徳を退治する表現方法は、どこからきたのであろうか。図像学の碩学E・マールをはじめ、多くの学者は、プルデンティウス（三四八―四一〇年ごろ）によって書かれた『プシコマキア Psychomachia』が、美徳と悪徳との争いの文学的源泉である、ということで一致している。

『プシコマキア』は、カロリング王朝時代から一二世紀ロマネスク時代に至るまで、キリスト教社会でもてはやされ、影響力を持った書物であった。著者プルデンティウスは、この中で、悪徳と美徳との軍隊を対峙させている。闘士が叙事詩の秩序に従いながら列の中から出て来て、挑み合い、変った戦いに立ち向うのである。

最初に「信仰（Fides）」が、ためらうことなく軽々と平原に飛び出す。信仰は、胴鎧や盾で身をかためることを潔しとせず、胸をはだけて敵の前に進み出る。その敵とは、年寄りの「偶像崇拝（Vetus cultura deorum）」である。戦いは長くない。彼女は偶像崇拝を打ち敗かせ、足下に踏みつける。

「貞淑 Pudicitia」は、華美な甲冑を身につけた若い乙女である。彼女は、不意に「放蕩 Libido」の突撃にあう。「放蕩」は、火のついた松明をふりまわす遊女である。「貞淑」は、石を投げて松明をひっくり返し、剣で「放蕩」の喉を切りさいた。「放蕩」は、泥のように濃い血を吐き出し、その血は清浄な空をよごした………

こうした調子で、プルデンティウスは、他の五つの悪徳と美徳との戦いを描写しながら、結局は七つの悪徳（①偶像崇拝、②放蕩、③怒り、④傲慢、⑤淫乱、⑥貪欲、⑦不調和）をあげ、それと戦う美徳の姿を、戦士として生き生きと描いている。

オルネーのサン・ピエール聖堂の彫刻家は、プルデンティウスの『プシコマキア』を源泉としたことは、疑いの余地はない。確かに、オルネーでは、六つの悪徳と美徳しか表現されていず、②番目の悪徳「放蕩」とそれに対応する「貞淑」とが欠落している。しかし、扉口の弧帯（帯状半円）の部分に人物を配する時、左右相称性を重んじるなら、七という数字より、左右に三体ずつの六の数字の方がよい。それゆえ、オルネーの扉口彫刻では、左右に三体ずつの美徳と悪徳を並べたのである。そして、『プシコマキア』の中で描かれているように、槍と盾を持った戦士の姿として美徳を表現し、美徳は勝利する姿として、悪徳を足下に踏みつけているのである。

○一三世紀、ゴシック時代の美徳と悪徳の表現

ところが、一三世紀（ゴシック時代）とともに、新しいタイプの美徳と悪徳の表現が見られる。それが、まずパリ大聖堂西正面扉口の腰石の部分に現われたのである。美徳は、もはや騎士の姿でなく、静かに坐っている女性像に変る。そして個々の美徳は、彼女たちが手に持つ盾の中に表現された象徴的動物によって識別されるようになる。悪徳の場合は、以前の悪魔のような醜い姿でなく、具体的な人間の行為によって示されるようになる。文字の読めない人びとにも、具体的な姿で悪徳が人びとの目に直接入ってくるようになったのである。その上、悪徳の数も、プルデンティウスがあげた七つから一二に増えている。《最後の審判》の扉口に伴う十二使徒に対応して、一二の数が選ばれたのであ

る。一二の美徳と悪徳とは、十二使徒の下の腰石の部分に表現されているからである。

中央《最後の審判》の扉口の左側壁内側から、メダイヨンの中に表現された悪徳の姿を見てみよう。パリ大聖堂に続くアミヤン大聖堂西正面彫刻や、シャルトル大聖堂南袖廊扉口彫刻でも、パリの影響下に、ほとんど同じようなパターンに従っているのである。
（1）「偶像崇拝」（図105）――円盤の中に入った偶像を、一人の男が身をかがめながら礼拝している。それに対する美徳は「信仰」である。「信仰」は、ヴェールを被って坐る女性の盾の中に、キリストを象徴する十字架が刻まれている。すでにラン大聖堂に見られた特徴である。「信仰」に対する悪徳が「偶像崇拝」とされているのは、キリスト教美術にとって、矛盾しているように思える。キリスト教は、「偶像を民衆教化のために偶像という手段を使ってきたからである。しかし、もともとキリスト教は、「偶像を造り、それを礼拝してはいけない（「出エジプト記」）」という『旧約聖書』の深い伝統を受け継いでいるのである。
（2）「絶望」――髪の長い女性らしき人物が、身をよじりながら、右手にもつ剣で自分の身体を突き刺している。ダイナミックなポーズである。『プシコマキア』の中では、「怒り」が自分の身体を剣で突き刺していた。しかし、新たに加わった「絶望」に、この形が与えられているのである。
それに対する美徳「希望」は、旗の刻まれた盾を右手に持ち、左手は視線の向けられた上の方にあげている。そこには、かつて何かがあったのがわかる。保存状態の良いアミヤン大聖堂の例を見れば、そこには王冠が置かれている。それゆえ、そこには王冠があったのであろう。王冠は、来るべき未来の栄光の象徴であり、旗こそが「希望」の象徴である。「希望」は、民衆にとっては、神の恩寵が生み出す未来の栄光の待望なのである。「絶望」は、人間の心の状態であり、特別悪い悪徳とはいえない。しかし、「希望」を重要な美徳として取り入れたため、その反対の「絶望」が悪徳に加わったのであろう。

(3)「貪欲」――金庫を一杯にしている女性像である。やはり金持ちは、一三世紀になっても嫌われていたのである。

「貪欲」の上にある美徳は「慈悲」である。女性が左手に持つ盾には、雌羊が刻まれている。「雌羊は、強い者には食べるべき肉を与え、弱い者にはその乳を与え、裸の者にはその毛でおおい、寒い者には暖めてやるためその皮を提供する」。雌羊が「慈悲」の象徴なのであり、「慈悲」は、神学上最も高い徳だったのである。

(4)「淫乱」(図106)――ここは破壊され一八世紀に新たに作られた部分である。しかし当時のまま残るアミヤンやシャルトルの例を見れば、鏡を持った女性を男性が抱きしめている。ロマネスク時代の裸体の女性に蛇が噛みついている像に比べると、おだやかでありながらもより具体的な表現になっている。わかりやすさこそ、ゴシック美術の精神である。鏡は、女性の色気や、その魅力を象徴するものである。

「淫乱」に対する美徳は、「貞節」である。処女を象徴するヴェールをかぶった女性は、右手にシュロの枝を持ち、左手に持つ盾には炎の中にいる不死鳥が刻まれている。シュロは処女の象徴であり、

105　西正面扉口の腰石部分の美徳（上右から左）「信仰」「希望」「慈悲」と悪徳（下右から左）「偶像崇拝」「絶望」「貪欲」

106　美徳（上右から左）「貞節」「賢明」「謙虚」と悪徳（下右から左）「淫乱」「狂気」「傲慢」

不死鳥は不滅の象徴である。
（5）「狂気」――右手に棍棒を持ち、左手で口に何かを入れている若い男である。アミヤンではもっとリアルに、男はもろはだを脱ぎ、頭には小石が投げられている。「狂気」に対する美徳は、「賢明」である。女性が持つ盾には、蛇が刻まれている。「へびのように賢く、はとのように素直であれ（「マタイ伝」一〇章一六節）」。蛇は、賢さや用心深さの象徴である。
（6）「傲慢」――馬から落ちる騎士の姿である。騎士は馬とともに溝に落ちている。この表現は、『プシコマキア』に描かれていた「傲慢」の姿であるが、実にダイナミックな表現である。「傲慢」に対する美徳は「謙虚」である。女性の持つ盾には、鳩が刻まれている。「はとのように素直であれ」というキリストの言葉のように、鳩は、素朴、謙虚などの象徴である。
さらに中央扉口の右側壁の内側から次のように続いていく。
（7）「臆病」（図107）――うさぎが現われたのに驚き、剣を捨てて逃げる騎士の姿である。驚いているさまが、実に生き生きと描写されている。「臆病」に対する美徳は「力」である。甲冑に身をかため、右手に剣を持った人物である。甲冑の下から長い衣がのぞいているため、この人物は女性だということがわかる。左手に持つ盾には、ライオンが刻まれている。ライオンは勇気の象徴であり、剣は力の象徴である。
（8）「怒り」――剣を持った人物が、僧服を着た人物をおどかしている。「いらだち」ともいわれている。『プシコマキア』では、怒りは剣で自分の身体を刺す姿であった。おさえがたい怒りの情なのであ

107　美徳（上左から右）「力」「忍耐」「優しさ」と
悪徳（下左から右）「臆病」「怒り」「冷酷」

108　美徳（上左から右）「調和」「従順」「堅忍不抜」と
悪徳（下左から右）「不和」「反逆」「移り気」

ろう。「怒り」に対する美徳は「忍耐」である。女性の持つ盾には牛が表現されている。牛は我慢強い動物と思われていたのである。

（9）「冷酷」――美しく着飾った女性が、飲物（食物）を持って来た給仕を足げりにしている。日常生活のありふれた情景である。それに対する美徳は「優しさ」である。女性が持つ盾には羊が刻まれている。中世の神学者にとって、羊は、優しさの完全なるイメージだったのである。

（10）「不和」（図108）――夫婦げんかの場面である。アミヤンでは、水差しや糸巻きなどが散乱しており、そのけんかの激しさを物語っている。それに対する美徳は「調和」である。パリ大聖堂のこの部分は修復部分にあたり、当時の姿を伝えていない。アミヤンの例を見れば、盾の中にはオリーヴの枝が描かれている。

（11）「反逆」――一人の男が司教に向って手をあげている。中世においては、教会に従わないことが最大の反逆だったのである。「反逆」に対する美徳は「従順」である。女性が持つ盾にはラクダが描かれている。ラクダは従順さを象徴する動物だったのである。

（12）「移り気」――僧院を抜け出す僧の姿である。彼は心残りがあるかのように、僧院に顔を向けており、そこには自分の僧服が脱ぎ捨てられている。それに対する美徳は「堅忍不抜」である。女性の持つ盾には、王冠らしきものが表現されているが定かでない。しかしアミヤンの例を見れば、冠の側にライオンの頭としっぽが描かれている。「死に至るまで忠実であれ、そうすれば、いのちの冠を与えよう（「ヨハネ黙示録」二章一〇節）」という言葉が視覚化されているのである。ライオンの頭としっぽとは、始めと終りを意味し、最初の日から最後の日まで「堅忍不抜」であることが必要であることを説いているのである。

このように、一二の美徳は象徴的形態をかりて表現されているため、それを解読するのはむつかしい。それに対し、一二の悪徳は、当時の日常生活からとられた、実に生き生きとした具体的な表現である。悪徳の方が、人びとの目にはわかりやすく入ってきたのである。また、制作する芸術家にとっても、悪徳の方が現実的な問題として、生き生きと表現しやすかったのであろう。それが、悪徳のダイナミックな表現の中に、見事に現われている。わかりやすさこそ、一三世紀ゴシック美術の本質なのである。

一四世紀初頭に、天才画家ジョットーは、パドヴァのスクロヴェニー礼拝堂壁画で、再び美徳と悪徳の表現を試みている。しかし、ここでは、七対の美徳と悪徳の表現になっている。すなわち、かつてシャルトル大聖堂北袖廊扉口に現われていた四つの枢要徳と三つの神学的徳と、それに対応する七つの悪徳とである。賢明――狂気、力――臆病、節制――怒り、正義――不義、信仰――不信仰（偶像崇拝）、慈悲――貪欲、希望――絶望、がそうである。もはや、大聖堂におけるように十二使徒に対応して、一二の美徳と悪徳を選ぶ必要がなかったのである。

2　「王のギャラリー」

○二八体の像

パリ大聖堂西正面部で、その水平的な均衡感に一役かっているのが、三つの扉口の上部の水平帯、すなわち「王のギャラリー」と呼ばれているものである。そこには、それぞれ王冠をかぶった人物が立っているからである。その数は、二八人にもおよぶ（図109）。

この「王のギャラリー」の個々の人物は誰を表わし、その全体像は、何を表現しているのか、という問題は、今なお多くの論争を呼んでいる。「王のギャラリー」は、シャルトル大聖堂、ランス大聖堂、アミヤン大聖堂などと、後のゴシック大聖堂の正面部に、必ず登場してくるゆえに、重要な意味を持った装飾的要素として考えられるであろう。では、その象徴的意味は、と考える時、パリ大聖堂のそれは、一番重要な存在となるのである。なぜなら、「王のギャラリー」が西正面部に最初に現われたのは、ほかでもないパリのノートル・ダム大聖堂だったからである。

これらの人物は、一八世紀には、フランスの歴代の王を表現したものと考

109　現在の「王のギャラリー」

えられていた。それゆえ、一七八九年に勃発したフランス革命時に、これらの像は破壊された。現在そこにある像は一九世紀に復元されたもので、残念ながらゴシック時代のものではない。

しかし、最近の一九七七年四月、パリ市内の銀行の工事中に、石棺の中に入れられた彩色もあざやかな三六四個もの彫刻の断片が発見されたのである。それは、ノートル・ダム大聖堂の、破壊された彫刻の断片であった。その中に、「王のギャラリー」の像と思われる二一個の王冠をかぶった頭部があったのである。二八体のうちの二一体の頭部が発見されたことは、美術史上の大変な出来事だった。それも偶然銀行の工事中に、地中から見つかったのである。

それらの頭部は平均六五センチメートルくらいの大きさであり、髪には黄色、口元には赤色、目元には黒色、頬にはピンク色などの色彩が見られ、大聖堂を飾っていた中世の石彫にも彩色されていた証拠を提供した。現在、これらの頭部は、パリ市内のクリュニー美術館（現・中世美術館）に保管され、人びとに、一三世紀初頭彫刻の生々しい姿を伝えているのである（図110）。

109　現在の「王のギャラリー」

110　1977年に発見された「王のギャラリー」の像の頭部（クリュニー美術館）

るのであろうか。

○「王のギャラリー」の意味

これら二八体の像は、かつて信じられていたように、事実、フランスの歴代の王たちを表わしているのであろうか。

一二二〇年以前に完成されたと思われるパリ大聖堂をはじめとし、一三世紀の大聖堂の西正面、または南・北の袖廊のファサードに、「王のギャラリー」というものが出現してくる。そこの人物たちの全部は必ず王冠をかぶり、司杖を持っている。シャルトル大聖堂、ランス大聖堂、アミヤン大聖堂。盛期ゴシックを代表するこれらの大聖堂は、全部「王のギャラリー」を持っている。ところが、これらの個々の人物が誰を表現し、その全体はどんなイデーを表現しているのかという問題には、二つの対立する論があった。

一つは、前述したように、フランスの歴代の王とする説であり、他の一つは、キリストの祖先にあたるユダヤの王たちとする説である。

フランスの歴代の王とする根拠の一つは、一二八四年に書かれたファブリオ（一三、一四世紀にフランスで作られた滑稽で風刺的な韻文による笑話）である（パリ国立図書館フランス語本一五五三番フォリオ五一四）。この中には、次のような物語が語られている。

「平民が、ノートル・ダム大聖堂の広場でファサードを見上げながら、フランス王ピピンとシャルルマーニュを指さしている間に、泥棒が彼から財布のひもを切ってくすねてしまった」。

ここでは、はっきりと、フランス王ピピンとシャルルマーニュ帝（カール大帝）の名前が書かれているのであり、一二八四年の段階では、これらがフランス歴代の王とみなされていた、という証拠になるというのである。この説は、一八世紀まで根強く支持されていた。それゆえ、フランス革命時の一七九三年、革命政権は憎き王権の象徴たる「王のギャラリー」破壊の指示を下したのである。

他方、それらはキリストの祖先であるユダヤの王とする説には、大きく三つの根拠がある。

キリストの祖先の系譜は、《エッサイの樹》として、一二世紀中ごろ、サン・ドニ修道院やシャルトル大聖堂正面のステンドグラスに、最初に現われた主題であった。『旧約聖書』の王ダヴィデの父エッサイから芽が出、その芽に聖霊が宿り、その上にキリストの祖先の系譜が展開し、頂上には聖母マリアとキリストが君臨する。

問題なのは、「王のギャラリー」の王たちは、個人を識別するための特徴が与えられていないことである。全部の大聖堂で共通なのは、ライオンの上に立つ王が必ず一人いることくらいで、ほかには特別な点がない。

ところが、シャルトル大聖堂南袖廊扉口の左端にいる王は、右手に棒（樹）を持ち、その樹は王の足下にいる人物から出ている（図111）。これは明らかに、『旧約聖書』のエッサイから出ている樹であり、それゆえ、その樹を持つ王はエッサイの子供ダヴィデである。その王は左手にハープを持っていることによっても、それがダヴィデであることが裏づけられる。『旧約』の「詩篇」の作者とされるダヴィデは、音楽の守護神として、いつも楽器を持って表現されるからである。

ライオンの上に立つ王に関していえば、短軀王ピピンがライオンを飼っていたので、その王はピピ

111　シャルトル大聖堂南袖廊にいるエッサイの子供ダヴィデ（左端）

ンであるという説もあるが、同様に、『旧約』の王ダヴィデもライオンと結びつけられるテキストが多くある。

たとえば、王に香油を与えた後に、大司教によって歌われた序唱の中に、次のような文がある。

王国をその頂点に高めた貧しき子ダヴィデよ、王国をライオンの口から、そしてゴリアテの手から救ったダヴィデよ……。

こうした文から、ライオンとダヴィデを結びつけていたのである。

「王のギャラリー」を、キリストの系譜とするほかの根拠の一つは、パリ大聖堂やシャルトル大聖堂の王たちの上には、君臨するかのごとく聖母子がいることである。《エッサイの樹》の最頂上には、当然ながら、聖母マリアとその子キリストがくるからである。シャルトル大聖堂西正面のステンドグラスに、その典型的な例を見ることができる。

ここで問題にしなければならないのは王たちの数である。パリ大聖堂西正面では二八体、シャルトル大聖堂では西正面に一六体、南袖廊に一八体と合計三四体、アミヤン大聖堂西正面には二二体、ランス大聖堂では南北袖廊に八体ずつで一六体と、西正面部に五六体と合計七二体となっている。このように、それぞれの大聖堂において、王の数は一致していない。

古い時代より、王家の修道院の年代記者たちは、王家の系譜を作成するよう努力していた。それらのあるものは、公的な価値を持っていた。それらの一つ、すなわち一三世紀に記された記録（パリ国立図書館ラテン語本五九二一番フォリオ四七）によれば、クロヴィスから始まり、当時の王ルイ九世

（在位一二二六―七〇年）を三九代目の王としている。

また、フランス王フィリップ・オーギュスト（在位一一八〇―一二二三年）時代の年代記者リゴールによると、フィリップ・オーギュストは三一代目の王になり、ルイ九世は三三代目の王となる。

大聖堂に、いわゆる「王のギャラリー」が制作された時代は、おそらく、すべてが聖人化されたルイ九世統治下であった。それゆえ、もしこれらの王たちが現実のフランスの歴代の王を表現したのであれば、聖ルイ王までの三九体か三三体でなければならない。この数は、パリ大聖堂（二八体）、シャルトル大聖堂（三四体）、ランス大聖堂（七二体）、アミヤン大聖堂（二二体）の王の数と一致していない。それゆえ、「王のギャラリー」の王たちはフランスの歴代の王とする説は弱くなるのである。

では、これらの王たちがキリストの祖先にあたるユダヤの王たちであるとするならば、その王の数は幾人になるのであろうか。

イエス・キリストの系図を最初に記した福音書記者マタイによると、ダヴィデ王の父エッサイからキリストの父ヨセフまで、二八人の人物を列挙している。しかし、そのうち一五人のみが王であった（「マタイ伝」一章六―一六節）。しかし、福音書の中でも統一がなく、「ルカ伝」によるとエッサイからヨセフまで四二人とされている（「ルカ伝」三章二三―三八節）。

ここで面白い一致に気づく。マタイがあげたキリストの系図は、エッサイからヨセフまで二八人の人物をあげているが、これは、パリ大聖堂の「王のギャラリー」の王たちの数と一致しているのである。

「王のギャラリー」は、一二二〇年ごろパリ大聖堂西正面で初めて芽生え、そのイデーがシャルトル、ランス、アミヤンへと伝播していった。とすれば、「王のギャラリー」の最初のもの、すなわちパリ大聖堂のそれが、その真の意味を考える時最も重要なものといわざるをえない。その王の数は二八であり、まさに、福音書記者マタイがキリストの祖先としてあげた系図の数と一致しているのである。「王のギャラリー」は、その起源において、キリストの祖先の『旧約聖書』に出てくるユダヤの王たちを表現したものといえよう。

ところが、福音書記者マタイの列挙した二八人のうち、一五人のみがユダヤの王であったのに、なぜ二八体全部が王として表現されているのであろうか。このことを考えると、これを単に「キリストの祖先のユダヤの王たち」とする説も、少し説得性に欠けるであろう。私には、これらの人物が全部王にされたことに、当時のフランスの政治的状況が大きな影響を与えているような気がする。

○王権と教会権の共存一致

一二世紀中頃以来、すなわちフランス王家の修道院サン・ドニ修道院長シュジェール以来、彼らが求めていたのは、フランス王権と教会権との共存一致というイデーであった。実際、修道院長シュジェールは、ルイ七世が十字軍に出かけた時、フランス王家の摂政をかねていたのである。

ここで注目される扉口に、シュジェールの指示のもとに完成されたサン・ドニ修道院北袖廊扉口がある（図112）。かつて鉄柵で閉ざされていたここは、最近公園の一角として一般公開された。実は、こ

112　サン・ドニ修道院北袖廊扉口

の扉口に表現されている三六体の人物が、全部王冠をかぶり、手に権力の象徴である司杖を持っている。すなわち、弧帯に三〇体、側壁の円柱の上に左右三体ずつの六体、合計三六体である。

一二、一三世紀の扉口彫刻で、人像が全員王冠をかぶり、司杖を持っている例は、ほかに皆無である。前述の一三世紀の年代記者によれば、この扉口が制作された時のフランス王ルイ七世（在位一一三七―八〇年）は三六代目の王となり、この扉口の王の数と一致しているのである。

サン・ドニ修道院がフランス王家の埋葬教会であった特殊事情を考えると、それらがフランス歴代の王を表現している、といえなくもない。しかし、宗教全盛時代の一二世紀後半に、歴代の王を聖堂扉口に表現することはまず考えられないであろう。とすれば、ここで表明されているのは、歴代のフランス王と、彼らの精神的祖先と考えられた『旧約聖書』中の王を対比することにより、フランス王権と教会権の共存一致というイデーではなかろうか。それは、まさに、修道院長シュジェールが求めていたイデーであった。

私見では、シュジェールがサン・ドニ北袖廊扉口彫刻で表明した考えが、一三世紀に、パリ大聖堂の「王のギャラリー」に受け継がれたもの、と思えるのである。それが意味するものは、フランス王家の精神的祖先と考えられた『旧約聖書』の王たちを表現することにより、フランス王家と教会権の共存一致、という考えであったのでなかろうか。それゆえ、福音書記者マタイがあげたキリストの祖先の二八人のうち一五人のみが王であったのに、パリのノートル・ダム大聖堂では、他の人物にも王の容貌を与えることにより、単に、それらの像が、『旧約聖書』中のキリストの祖先にあたる人物という側面だけでなく、フランス王権という側面をも強調したのであろう。

そして、パリの地が、当時のフランス王家の首都であったという事実は、こうした考えが、パリのノートル・ダム大聖堂で最初に表明されたということの、根拠になるのである。

3　ノートル・ダムの怪物群とガルグイユ

○一枚の写真

一八三九年にとられた銀板写真を見てみよう。銀板写真は、一八三九年にダゲールによって発明されたばかりであり、パリの芸術家たちの間で、大問題をひきおこしていたのである（ちなみに銀板写真はdaguerréotype《ダゲレオティップ》といい、発明者Daguerreの名前からきている）。伝統的なアカデミックな芸術家たちは、写真の出現を恐れ、写真の禁止を政府に陳情したぐらいであった。「今日を限りに絵画は死んだ」と言わしめたほどであったのである。

ここに写されているのは、パリのノートル・ダム大聖堂の西正面部である（図113）。外部を飾っている彫刻のほとんどがないのに気付く。すでに言及したように、三つの扉口の側壁に立つ大彫刻群、「王のギャラリー」の二八体の彫刻群、さらに塔の下の展望台の層に見られるあの有名なノートル・ダムの怪物たちの像が、この写真には写っていない。

これらの像のほとんどは、一七八九年に勃発したフランス革命時に破壊された。それゆえ、この写

113（右上）
1839年の銀板写真

114（右下）
1853年に描かれたメリヨンによる
腐食銅版画「吸血鬼」

115（左下3点）
17世紀に描かれた素描の部分
（展望台の手すりに怪物がいる）

真は、ヴィオレ・ル・デュックによる修復以前の貴重な写真なのである。

一八三一年に出版されたユゴーの『パリのノートル・ダム』が、パリ大聖堂に目を向けさせ、その破壊状態を修復するための気運をあおったのである。

一八四三年、二人の建築家ラシュスとヴィオレ・ル・デュックにその役割が与えられた。彼らは、彫刻のアトリエを結成させ、その長としジェオフロワ・デショームを任命し、外部の七一体の彫刻の制作をまかせた。彫刻家たちは、残された資料や、ヴィオレ・ル・デュックの素描に従って、個々の彫刻を復元していったのである。

問題の展望台に散在する怪物たちについていえば、ユゴーは、ある種のノスタルジーをこめて、次のように語っている。

「笑っているような大蛇、わめきたてていると信じられていたガルグイユ、火をはき出しているサラマンドル（火とかげ）、煙の中でくしゃみをしていたタラスク（南仏タラスコンに伝わる伝統上の怪物）……」。

しかし、すべては失われていたのである。残されていたのは、刳《く》り形をつかんでいる手、または爪のみであった。ところが、一八五三年に描かれたメリヨンによる腐食銅版画には、すでに「吸血鬼」と命名された怪物が表現されている。そこでは、展望台の手すりに両ひじをつき、パリ市内を見下している「吸血鬼」の姿が見られるのである（図114）。こうした怪物群は、パリのノートル・ダムを有名にしているものの一つである。

一七世紀に描かれた銅版画には、双塔の下の展望台の手すりに、怪物群がいるのがわかる(図115)。それゆえ、これらの怪物は、中世時代からあったことは推測されるのである。

それらは、狭い螺旋《らせん》階段を昇り、双塔の基部にたどり着いた時に、突然眼前に現われる。しかし彼らは、塔に昇ってきたわれわれを見ているのではない。角《つの》をはやし、羽根を肩に付けている悪魔(吸血鬼といわれている)は、両手で頬杖をつきながら、パリの街中に目を向けている。塔の基礎部にある通廊の欄干の上に立っているこれらの化け物(他は幻想的動物が多い)たちは、すべてパリ市内に目を向けているのである。そして、彼らが占めている場所が通廊の角《かど》であることも注目される。すなわち、これらの奇怪な化け物たちは、「神の国」である大聖堂を守護するかのように、それぞれ方向を守る場所で、自己の存在を主張しているのである(図116)。

しかし、ノートル・ダム大聖堂では、西正面双塔の基部にいる化け物のほかに目立つ化け物群がいる。それは、大聖堂の屋根の付け根をはじめ、外壁の至る所から長い首を突出させている奇妙な化け物である。その姿は時には犬のようであったり、人間に近いような顔をしていたり、千差万別であるが、すべては現実離れのした奇怪な存在で、大きな口を開いている。彼らは、大聖堂の高い所から、われわれ通行人をこわい顔でにらみつけているのである(図117)。

晴れた日の青い空の下でこれらの像を見上げる時、これらの奇妙な像が、なぜこんな高い所に、かくも多く置かれているのか、答えにとまどうであろう。しかし、雨の日に傘越しに大聖堂を見上げる時、人びとはその解答を見出すのである。突出した奇怪な動物の大きな口からは、大量の雨がはき出

116
怪物たち

117　ガルグイユ

されているのである。これらの奇怪な動物群は、いわゆる雨樋の役割を果たしているのがわかる。実際それらは水を落とすための管を内に隠しながら、建築のために不可欠な、装飾的雨樋にされているのである。雨が壁面の石組上をはっていき、石と石との接着剤ともいうべき漆喰を溶かすのを防ぐため、雨樋である化け物たちは、壁面からかなり突出しなければならなかったのである。それらの怪物群で造られた水落としを、ガルグイユ（gargouille・仏、ガーゴイル gargoyle・英）という（図117）。それはゴシック大聖堂とともに現われたのである。

仏語のガルグイユとは、スペイン語のガルゴーラ（gargola）と同様に、喉《のど》を意味するラテン語のグルグーリオ（gurgulio）から派生した言葉である。その動詞 gargariser は、うがいをするという意味になり、それが英語のガーゴイルの語源と考えられている。イタリア語の gronda sporgente は、文字通り突起した雨樋であり、ドイツ語の Wasserspeier は、水を吐く人、という意味になり、それぞれ、ガルグイユの形や、その機能を正確に伝える用語になっている。すなわちそれは、建物の壁面から突出した怪物の口から水を吐き出す水落とし（雨樋）という意味になるのである。

ところが、前述したノートル・ダム大聖堂西正面双塔の基部に置かれた化け物たちは、雨樋の役割を果たしていない。頬杖をつきながらパリ市内を眺めている、角《つの》をはやし背に羽根をつけた悪魔のような有名な像は、通廊の角《かど》に守護神であるかのように置かれているだけで、雨樋にはなっていないのである。それらは、通常グロテスクとかシメール（キマイラ）とか呼ばれている怪物なのである。

このように、パリのノートル・ダム大聖堂には、単なる怪物と水落としとして表現された怪物とが同居しているのである。しかし、その両者ともに、ノートル・ダム大聖堂の上部で、にぎやかに騒ぎまくりながら、われわれを見下している怪物であることには変りないのである。

これらの怪物を眺めていると、素朴な疑問がわいてくる。まず、ゴシック大聖堂以前のロマネスク聖堂に見られないガルグイユが、なぜゴシック大聖堂とともに現われてくるのであろうか。そして、ガルグイユが単なる水落とし（雨樋）であるのなら、なぜそれらに奇怪な生き物の形が与えられたのであろうか。そこには象徴的意味は隠されていないのであろうか。またガルグイユの怪物を含め、ノートル・ダム大聖堂の上部をかくもにぎわしている怪物たちには、なにか特別な意味が隠されているのではないのか。

ガルグイユの異様な姿を眺めながら、われわれの脳裏をかすめる疑問点である。そして、これらの問題に解答を与えるためには、ガルグイユの種々の形態を分類し、建築における雨樋の歴史も、ガルグイユとの文脈のなかで考えてみなければならないのである。

○ガルグイユの起源

ガルグイユにまつわる面白い伝説が残されている。それに従うと、セーヌ河畔の洞窟にガルグイユという名の竜が棲んでいたという。その竜は、蛇のような長い首を持ち、押しつぶされた鼻に、もじゃもじゃの眉毛、翅脈のある羽を持っていた。彼は舟人たちを呑み込み、口から出す炎ですべてのものを焼き尽くし、洪水をひき起こすほどの水を吐き出していた。ルーアンの町の近くの住人たちは、彼と和解するために、毎年、生きたままの人間をいけにえとして捧げていた。怪獣ガルグイユは特に処女を好んだが、餌として与えられていた罪人で甘んじることもあった。

五二〇年、または多分六〇〇年ごろ、ロマヌスという名の司祭がルーアンの町にやって来た。彼はルーアンの町の住人が洗礼を受け、教会堂を建てることを約束すれば、この怪獣を追いはらうことができると言った。ロマヌスは一人の重い罪人を伴い、怪獣と対決し、ストラ（司祭が肩から垂らす帯状の祭服）を怪獣の首に巻きつけることにより、怪獣を捕らえることができた。怪獣ガルグイユは燃える薪の山のなかに入れられた。しかし、火の息吹によって頑強になっていた頭と首の部分は、焼失することはなかった。それゆえ、人びとは怪獣の残された頭と首をルーアンの町の城壁の上にさらした。そして、この怪獣をモデルにしてガルグイユが作られた、というのである。

このように、ルーアンの聖人ロマヌスにまつわる奇跡の物語のなかに、ガルグイユがセーヌ河畔に棲む怪獣として出てきているのである。しかし、一四世紀に流布したというこの伝説の真偽はともかくとして、六〇〇年ごろからルーアンの町にガルグイユがあったとしても、それがなぜ一三世紀ゴシック大聖堂の雨樋として用いられるようになったのか、という問いに対する答えはここにはない。とりあえず、雨樋の歴史をたどってみよう。

○雨樋の歴史とガルグイユの登場

すでに古代において、雨水を建物から遠ざけるための突起物（多分木または陶器による）は採用されていたという。そして、彫刻された石による突起物の使用は、このプロセスを速めていった。古代エジプト人やギリシア人たちは、動物の形をした石の樋を仕上げていたし、ギリシア人たちは、特にライオンの形を優先させていた。紀元七九年の、ヴェスヴィアス火山の爆発により、町全体を埋もれさせたポンペイから、ライオンの頭や人間の形をした雨樋が出土している。

しかし、キリスト教の勝利（三一三年）の後の、ヨーロッパ中世の夜明けとともに現われる聖堂建築においては、雨樋は用いられておらず、屋根の下にあるコーニッシュ（軒蛇腹）から、雨は直接道に落ちていた。

これらの古い聖堂のほとんどは現存せず、今日われわれがヨーロッパの各地で目にする最も古い聖堂のほとんどは、ロマネスク時代のものである。いわゆる西欧世界に秩序が回復しかけた紀元一〇〇〇年ごろ出現し、一二世紀に最盛期を迎えるこれらロマネスク聖堂を見る時、やはり雨樋はないのに気づく。特に、田舎の小聖堂などでは、屋根は高くなく、その上、その傾斜もなだらかである。それゆえ、雨が屋根から直接道に落ちても、何も問題はなかったのである。

しかし、ヨーロッパの大都市で、聖母マリアに捧げられた大聖堂（カテドラル）建造熱が起こり、それが頂点に達する一三世紀ゴシック時代には、状況は変ってきた。人びとは高さを求めて競い合い、大聖堂は、パリ（三二・五〇メートル）、シャルトル（三六・五五メートル）、ランス（三七・九五メートル）、アミヤン（四二・三〇メートル）と、年とともにその高さを増していき、ついにボーヴェでは、五一メートルの高さにまで達した。

尖頭アーチを主体とする急傾斜の高い屋根から、雨は激しい勢いで道に落ちてくる。また、そうした雨は壁面に伝わっていくことにより、石と石の接着剤である漆喰を溶かしてしまう。それゆえ、雨の多い北欧のゴシック大聖堂では、雨樋は不可欠なものになってきた。そして、雨樋で受ける水は、なるべく壁面から離れて突出する水落とし（ガルグイユ）に集めて下に落とすことにより、雨による壁面の破壊をまぬがれたのである。こうした建築上の機能から、ゴシック大聖堂においては、水落としガルグイユが必要不可欠なものとして登場してきたのである。

建築上の必要性から、すなわち機能的側面から、ガルグイユがゴシック建築とともに現われてきたことは理解された。しかし、溝をもった単なる突起物でいいこの水落とし（ガルグイユ）に、なぜ奇怪な動物や異様な人間の姿が与えられ、その口から水を吐き出すようにしたのか、という問題に対する答えはまだ導かれない。それは、おのずと機能の問題を越えた、表現の意図や意味の問題へとわれわれを導くのである。

○ガルグイユの歴史とその類型

ガルグイユの持つ象徴的意味を解明する前に、その歴史と、それがどんな奇怪な動物群（または人間）で表現されているのかを、まず分類しておく必要がある。ガルグイユの意味を考える時には、表現されているものの正体（主題）を確かめておかねばならないからである。

一一九〇年ごろに完成されたパリ大聖堂の内陣には、ガルグイユはまだ現われていない。それが最

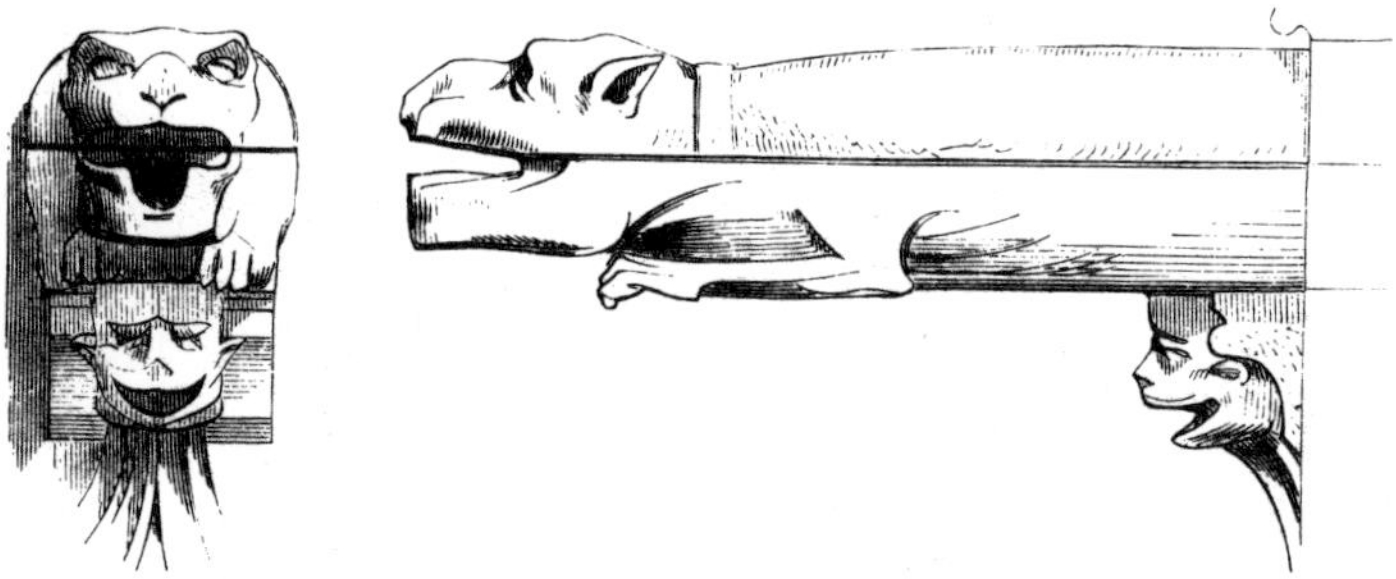

118　1220年ごろのラン大聖堂のガルグイユ（ヴィオレ・ル・デュックによる）

119　サント・シャペル（パリ）のガルグイユ

初に採用されたのは、ラン大聖堂で、一二二〇年ごろと、建築家ヴィオレ・ル・デュックは言う。それは、数はかなり制限されているが、かなり壁面から突出し、二層で構成されていた。すなわち、溝を持った下の層に、おおいとなる上の層がかぶさり、その突出部の最先端は、まだ粗野な感じではあるが、すでに幻想的な動物の顔になっている（図118）。

それ以降、一二三〇年代に入ると、パリ大聖堂身廊部のフライング・バットレス（飛梁）やサント・シャペル（一二四三―四八年）では、動物の姿全体が表現されるようになり、その姿も写実性を増していく。動物の姿全体が表現されるようになるにしたがい、動物はその爪で建物の壁面をつかむような姿になり、建物との一体感を強めると同時に、壁面からの突出度を増していく。そして、一三世紀中ごろからは、ガルグイユの使用は組織的になり、洗練度を強めていくのである。その典型はサント・シャペルに見ることができる（図119）。

一三世紀末ごろから、ガルグイユはより複雑になり、人間の形をしたガルグイユが、動物の形の表現にとって代わる傾向が出てくる。彼らは誇張され、滑稽化された細部を増殖させながら、過度に壁面から伸びていく。この傾向は、一四世紀になると、繊細さを加味しながらますます強くなり、さらには装飾的要素も加わってくる。

一五世紀に入ると、ガルグイユは、それまでのようには悪魔的でなくなり、過度の動作の誇張によって生まれる滑稽さを増していった。後期ゴシック彫刻の傾向が、もっぱら宗教的な主題から離れていったように、ガルグイユもよりコミックな感じを出すため、人びとに恐怖感を与えていたかつての姿を失っているのである。

このように、ガルグイユは時代とともにその形や容貌を変えていった。その上、個々のガルグイユは見事に個性的であり、同じ形や同じ顔付きのものは二つとないのである。しかし、これらのガルグイユをあえて大別すれば、①動物群、②人間の姿、③幻想的形態、の三つのグループに分類できる。
①動物群のなかでは、ライオンに似た動物が圧倒的に多い。次に多いのは犬に似た動物であり、ほかには、羊、山羊、猿、ろば、豚、鳥などの動物である。動物の王ライオンは、勇気、力などを象徴する動物であり、時にはキリストの象徴として表現された。また、人間に一番親しい動物である犬は、忠誠の象徴として、結婚の儀式にしばしば表現された。その上、犬には番犬としての役目もあり、大聖堂を守護するための動物として、そこに置かれた可能性も考えられる。とりあえず、これら二種の動物にはあまり悪いイメージがつきまとわないのである。
他方、猿は、罪、偽計、虚栄、淫乱などを、ろばは、うすのろ、放蕩、粗野を象徴し、豚は肉の罪の象徴になり、これらは邪悪な動物群である。このように、動物群のなかでは、聖なる動物と邪悪なる動物とが混在しているのである。
②人間の形をしたガルグイユは、動物のそれに比べると数は少ない。しかし、その形は実に変化に富んでいる。頭だけのものと、身体全体を表わしたものとに分かれるが、その表現や動作は千差万別である。
全体的に風変りな容貌をし、見上げる人びとを馬鹿にしたような表情を浮かべている。その姿や表

120　ポワティエ大聖堂のガルグイユ

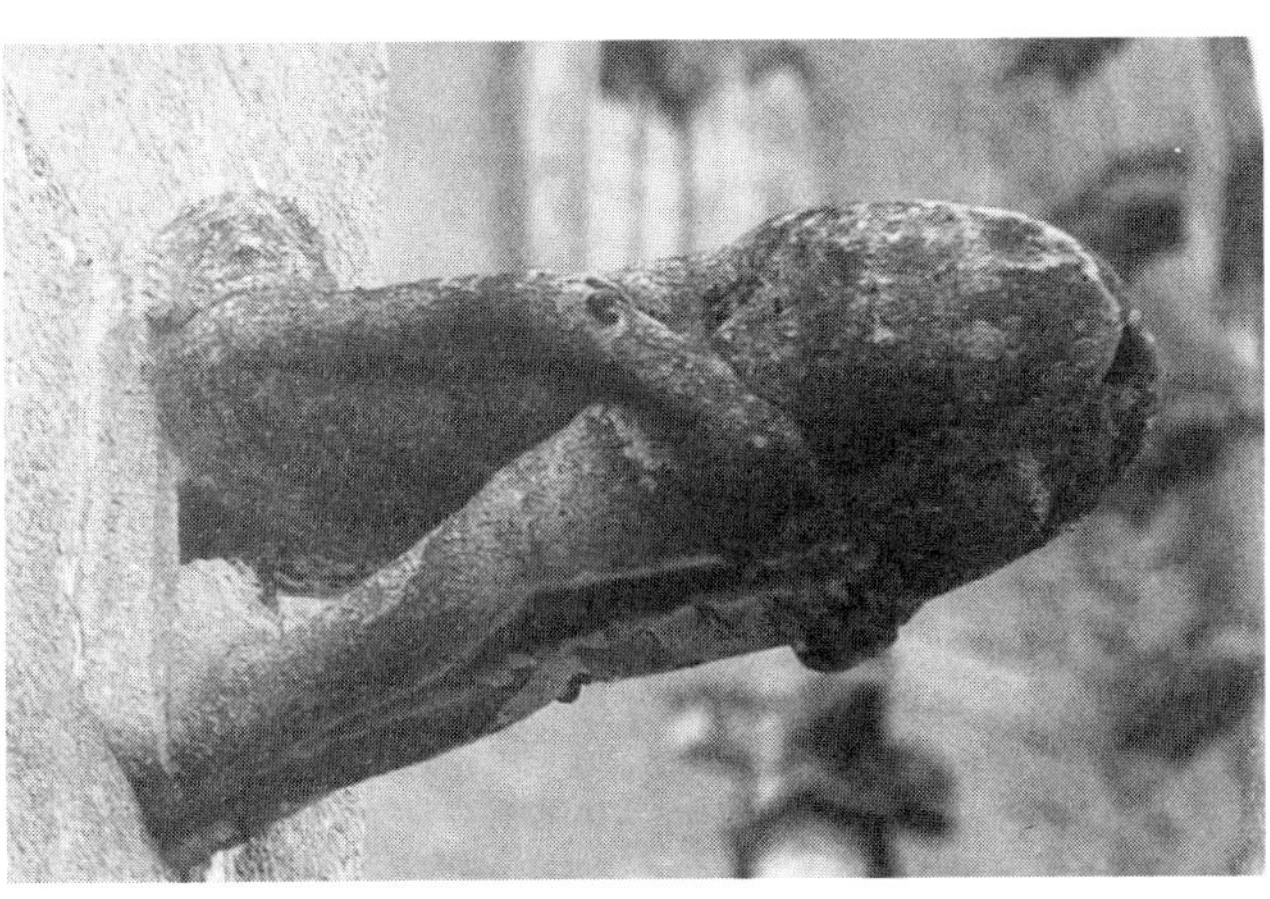

121　オータン大聖堂のガルグイユ

情を見る限り、これらの人物は、聖人、聖職者、貴族などの高貴な人びとでないことがわかる。大聖堂の欄外に置かれたこれら人間のガルグイユは、おそらく罪人、浮浪者、大食漢、酔っ払い、遊び人などの、当時の社会のはみ出し者たちから選ばれているような気がする。両手で大きく口を開き、人びとを馬鹿にするかのようにあかんべいをしている顔、なんと手を喉にあて、飲んだり食べたりしたものを吐き出そうとしている姿（図120）、さらに驚くべきは、全裸の女性らしき人物が、尻をわれわれの方に向け、おならをしているのかまたは排便をしているかのような姿さえあることである（図121）。これらは、悪いものを吐き出す、すなわち悪霊を大聖堂から追い払おうとしているのであろうか。

③幻想的形態。パリ大聖堂の奇怪な動物群に代表されるように、一般にわれわれが持っているガルグイユのイメージは、暗い北欧の夜の闇の中で、人間の空想力でのみ作り出された悪魔的な姿のガルグイユである。時には、それは人間と動物の混合体であったり、鳥と四足獣の混合体であったり、「黙示録」に出てくる竜のような姿であったり、まさに千差万別である（図117）。

共通項といえば、すべてが恐ろしい悪魔的な顔をしていることである。頭には角をはやし、狭い額に大きな鼻、ぎょろ目に大きな口、背中には羽根をはやしたそれらは、コンクやオータンの《最後の審判》の場面に現われていた悪魔たちである。彼らは、その大きな口から、火炎でも吹き出すかのように、水を吐き出している。

これらの悪魔的なガルグイユを眺めていると、やはり最初の疑問点が脳裏をかすめるのである。なぜ大聖堂の水落としに、こんな醜悪な形を与えたのであろうか。「神の国」である大聖堂の回りを、なぜこんな悪魔的な像で取り囲まねばならなかったのか。それらは、単なる装飾的意味しかなかったのであろうか。それとも、深い意味があるのであろうか。

○ガルグイユの象徴的意味

では、ガルグイユにはどんな意味がこめられていたのであろうか。

中世キリスト教図像学の碩学エミール・マールにとっては、これらの怪物ガルグイユは特別象徴的意味を持っていない。

「これら大聖堂の奇怪な生き物たちには、どんな象徴的意味も与えることができない。当時のどんなテキストも、これらについて語っていない。このような存在は、人びとの想像力から生まれたものである。墓場に生きている吸血鬼や、昔の司教（聖人）たちによって退治された竜などは、民衆の意識のなかに生き残っていたのである。それらは、暖炉の回りで話された昔話の物語からきているのである」。

実際、一二世紀に、厳格な戒律を課したシトー会派の論客ベルナルドゥスは、修道院の回廊の柱頭に表現された奇怪な動物群をとりあげ、その無意味な形態を弾劾した。しかし、ベルナルドゥスが非難したのは、修道僧たちが読書する空間である修道院内部の回廊に表現された怪物たちであり、それらは、民衆に向けられ、大聖堂の外部に表現されたガルグイユとは性格を異にしているように思えるのである。

聖書のなかに、ガルグイユを暗示する文章をあえて捜せば、次のような記述がある。

「バシャンの強い雄牛はわたしを囲み、かき裂き、ほえたけるししのように、わたしにむかって口を開く。わたしは水のように注ぎ出され、わたしの骨はことごとくはずれ、わたしの心臓は、ろうのように、胸のうちで溶けた」。(「詩篇」二二章一二―一四節)(傍点は筆者)

しかし、この文章が直接ガルグイユと結びつくものとは思えない。ところが、ガルグイユが登場した一三世紀には、ガルグイユにまつわる面白い物語が残されている。それは、一三世紀にアミヤンの司教であったリシャール・ド・フルニヴァル(Richard de Fournival)によって書かれたといわれている『アブラダン物語Roman d'Abladane』である。そのなかで、アミヤン市の驚くべき事柄として、ガルグイユにまつわる物語が書かれているのである。

フロカルス(Flocars)という名の巨匠は、銅で二つのガルグイユを作らせ、それをアミヤン市の城門の上に置いた。このガルグイユは、城門を通って市内に入ろうとする旅人の動機を知ることができたという。もしその旅人が悪い意図をもって市内に入ろうとすると、ガルグイユは嫌悪すべき毒を吐き出し、それをかぶった旅人は死んでしまう。他方、市の良き領主がくる時には、一つのガルグイユは黄金を吐き出し、他の一つは銀を吐き出したという。この物語では、ガルグイユは、人間の善・悪を見抜く能力があるものとして描写されているのである。このことは、ガルグイユが制作されはじめた一三世紀の人びとが、そこになんらかの意味を見ていたことを推測させるのである。

一九世紀以来、多くの歴史家たちはガルグイユの意味を求めようとしてきた。

シャルトル大聖堂にとりつかれた一九世紀末の象徴主義文学者ユイスマンスは、これらの混合体の怪物ガルグイユを、大聖堂から放出される罪を吐き出す存在とし、その口から水を吐き出すガルグイユを見る人びとに、精神の排出と魂の吐露を想起させるものと考えた。

しかし、この解答の導きになるものは、前時代のロマネスク聖堂にあるような気が筆者はするのである。ロマネスク聖堂では、コーニッシュ（軒蛇腹）の下に、それを支えるかのように軒持送りが出ている。そこに、しばしば奇怪な動物や人間の顔が彫刻されているのである。それは、もちろん、雨樋でも水落としでもない。しかし、奇怪な動物（それはライオンに似たものが多い）や人間の顔を、屋根の下に表現して聖堂の外部を取り囲む伝統は、すでにロマネスク聖堂にあったことは忘れてはならない（図122）。

もしガルグイユになにか特別な象徴的意味があるとするならば、それは前時代のロマネスク聖堂の屋根の下の軒持送りにある奇怪な動物や人間の顔との関係で、それを考察する必要を感じるのである。ガルグイユに奇怪な動物や人間の顔を与える伝統は、ロマネスク聖堂の軒持送りの動物群にその起源があるように思えるからである。

ロマネスク聖堂の軒持送りに動物（ライオン風）や人間の顔を刻み込む習慣も、古い伝統からきている。そこに古代の人面装飾の伝統を見る人もいる。しかし、筆者はそれを北欧ケルト民族の「切られた首」崇拝の習慣と関係づけるのである。

人間の不滅の魂は頭部に宿る、とケルト民族は信じていた。それゆえ、頭部を所有することで、そ

122　モントワール・シュル・ロワールの軒持送り（上下とも）

の人間の霊と交感できると彼らは考えていた。彼らは、人間の肉体のなかで特に頭部に興味を示し、それをお守りにすることがあった。戦士たちの盾の回りに人間の頭部のみが刻み込まれた作例があるのも、その証である。彼らは、建物の入口に頭部を飾ることにより、悪霊が家に入ってくるのを防いだのである。この伝統は、動物の頭を室内に飾る行為のなかになお残されている。それは単に狩りの自慢のためのみでなく、室内に悪霊が入ってくるのを防ぐ役割があったのである。

一三世紀ゴシック時代に現われるガルグイユに、奇怪な動物の頭部が与えられたのは、ロマネスク聖堂に残るこの伝統に従ったものと思える。とすれば、ガルグイユの役割も、単なる雨樋（水落とし）を越え、悪霊から建物を守ることでもあり、水を吐き出す行為により、広くいえば、悪霊を吐き出すということを象徴化しているのであろう。

ところが、先に分類したように、ガルグイユに与えられた形態の違いにより、その象徴的意味も微妙に変化しているような気がするのである。

まず動物群でいえば、力を象徴するライオンや番犬として尊重される犬は、その性格上、大聖堂を悪霊から守護するという意味合いが強くなっている。他方、猿、ろば、豚などの、むしろ罪を象徴する動物群が採用されている場合には、それらは、道を通る人びとに、それらの動物が象徴する罪へ導かれないよう警告を発しているのである。

人間の姿が表現されている場合、彼らは罪人、浮浪者、大食漢、酔っ払い、遊び人などの、当時の社会から疎外されていた人びとであることが注目される。すなわち、彼らは自分たちの罪を犯さないよう警告しながら、それを大聖堂から外部に吐き出しているのである。

ガルグイユのなかで一番特徴的な、幻想的悪魔像ともいうべき怪物たちは、人びとを脅かし恐怖感を与えながら、やはりその口から大聖堂の外へ悪霊を吐き出している。彼らは神の下僕として、人びとに罪を犯すことの怖さを警告しているのである。それと同時に、パリ大聖堂のように、それらはガルグイユ以外の他の怪物たちとともに、「神の国」たる大聖堂を、悪霊の侵入から守っているのである。

すべてのガルグイユに共通するのは、悪霊から大聖堂を守護し、水を吐き出すという行為により、そこから悪霊を追い出し、人びとに罪を犯すことの怖さを警告していることである。

一三世紀に、人びとを脅かす怖い奇怪な動物ではじまったガルグイユも、初期のこうした象徴的意味を、時代とともに失っていったように思える。一四―一五世紀になると、ガルグイユは徐々に滑稽度を増していき、かつての動物に代わって、人間の滑稽な姿が主流になっていった。そこでは、かつての象徴的な意味はもはや失われているのである。それは、世俗階級の台頭とともに現われる人間を中心とした世界観が、神を中心とした中世の世界観に取って代わりつつある時代を反映している。時は、ルネサンスへと、その速度を早めていたのである。

しかし、パリ大聖堂の守護神であるかのごとく、高所からわれわれを見下している奇怪な怪物群やガルグイユは、今やノートル・ダム大聖堂の彫刻群の象徴的存在になっているのである。

V　ユゴーの見たノートル・ダム

ヴィクトル・ユゴーは、彼の『パリのノートル・ダム』の手書きのタイトルのページに、次のように書いている。

「私は、『パリのノートル・ダム』の最初の三、または四ページを、一八三〇年七月二五日に書いた。七月の革命は、私を中断させた。そして、私の可愛いアデールが生まれた（何と彼女は祝福されたことか！）。私は、九月一日に、『パリのノートル・ダム』を再び書き始め、そして、一八三一年一月一五日に書き終えた」。

『パリのノートル・ダム』とは、日本では「ノートル・ダムのせむし男」として知られている本である。二巻にわたる初版は、一八三一年三月一六日に売りに出された。そして、この年は、文学史のみでなく、思想史や美術史上でも重要な年になったのである。

その成功はまたたく間であった。モンタランベールは、その年の四月以来、『ラヴニール l'Avenir・未来』誌の中で、この本に対する賛辞を表明した。後の一八六四年には、サント・ブーヴが、この本を「高い塔にともされた灯火である」と、同様に称賛した。

ユゴーは、考古学的にも、ノートル・ダム大聖堂を鋭く観察している。「それは、過渡期（ロマネスクからゴシックへの）の建物である。ザクセン地方の建築家は、十字軍によってもたらされたオジーヴが、ロマネスク様式の大きな柱頭の上に置かれるようになった時、身廊の最初の部分を建造し終えたのである」。これは、確かに、パリ大聖堂の初期ゴシック的特徴を的確にとらえている文章である。しかし、彼の美的感受性が、最もよく表明されているのは、西正面に対する記述である。

「確かに、このファサード（西正面）ほど、美しい建築的部分はあまりない。尖頭アーチ、うがたれた三つの扉口、二八個もの王の壁龕《ニッチ》の刺繍細工のような鋸歯状の列（注・ユゴーがこの本を書いた時すでにそこに入っていた二八体の彫刻は破壊されていた）、二人の助祭に囲まれた司祭のように、その両側の窓を側面に並べる中央の広大なバラ窓、そのか細い小円柱の上に、重々しい展望台を支える三葉形アーケードの高くて華車なギャラリー、そして最後にスレートの窓の庇《ひさし》を持った二基の黒くてどっしりとした塔。このような巨大な五層式へと積み重ねられた諸部分の壮大な全体への調和。それらが、相次いで、そして同時に、目の前に、大挙して、そして混乱なしに展開するのである。そして、無数の彫刻師や彫刻、そして彫金細工などが、全体の静謐なる偉大さを実現するため呼び寄せられたのである。まるで、石の広大な交響曲である。一人の人間による、そして一国民による巨大な作品、『イリアッド』やロマンセ集のような一つの、複雑な全体。時代のあらゆる人びとの労働で生み出された奇跡。そこでは、おのおのの石の中に、芸術家の天分で訓練された職人のほとばしる幻想が見られる。一口でいえば、神の創造に似た力強く肥沃な人間の創造である。そこには、二つの特性が隠されていたように思える。それは、多様性と永遠性である」。

この文章は、パリ大聖堂の西正面ファサードを、見事に描写している。

しかし、ユゴーの業績で忘れてならないのは、彼がゴシック大聖堂をはじめ、古いフランスのモニュメントを保存・保護するために努力していることである。

一八三二年に出版された第八版には、彼は、次のような文章を付け加えている。

「建築の将来がどうあろうとも、どんな方法で、われわれの若い建築家たちが、新しいモニュメントを待ちながら、彼らの芸術の問題に、いつか解決を与えるとしても、古いモニュメントを保存しよう。もし可能ならば、国民に、国の建築への愛を吹き込もう。著者はそれを明言するが、この本の主なる目的の一つはそれだったのである。そして、それこそが、私の人生の主要な目的の一つだったのである」。

ヴィクトル・ユゴーは、歴史的記念物の保存のための、ある種の使徒のような役割を自分に課していたのである。中世のパリにそびえるノートル・ダム大聖堂を舞台にして、ユゴーは、中世文化に対する、特にゴシック建築に対する愛情を表明したのである。

実際ユゴーは、一八三八年に、ノートル・ダムを弁護し、この大聖堂の周りに鉄柵を設置することを提案した。なぜなら、大聖堂の基礎部は汚物でよごされ、そこにある彫刻は、子供たちの石投げの標的にされたからである。

かくして、モンタランベールの『ヨーロッパにおける文化財の破壊（ヴァンダリズム）』（一八六一年）の研究の中で、著者はユゴーに対してお世辞なしに、次のような賛辞を残している。

「あなたの意見書は、歴史や祖国への回想に献身している人びとによって、常に祝福されるであろう。そして、後世の人びとは、あなたの数あるすばらしい栄光のなかで、フランスの古いモニュメントを救おうとするあらゆる人びとを、再び集めることができた旗を、最初に掲げた栄光を記載するであろう」。

しかし、ユゴーのこうした行動よりも、彼の小説の方が、百倍もの力を持っていたのである。確かにユゴーは、王党やカトリックを支持していたが、この小説は、人道主義や自由主義への傾向を強く打ち出している。また、この中では死刑に対する反対意見が述べられ、専制的な王家に対する民衆の姿に、同情の目がそそがれ、ロマン派的な作者の態度がうかがえる。しかし、なによりも、ユゴーは、本書により、当時の人びとに、中世、特にゴシック建築に目を向けさせ、その再評価のために多大の貢献をしたのである。まさにノートル・ダムの勝利だったのである（図123）。

123　19世紀の戯画「ノートル・ダムの勝利」

付録1　ノートル・ダム大聖堂を見て歩くためのプラン

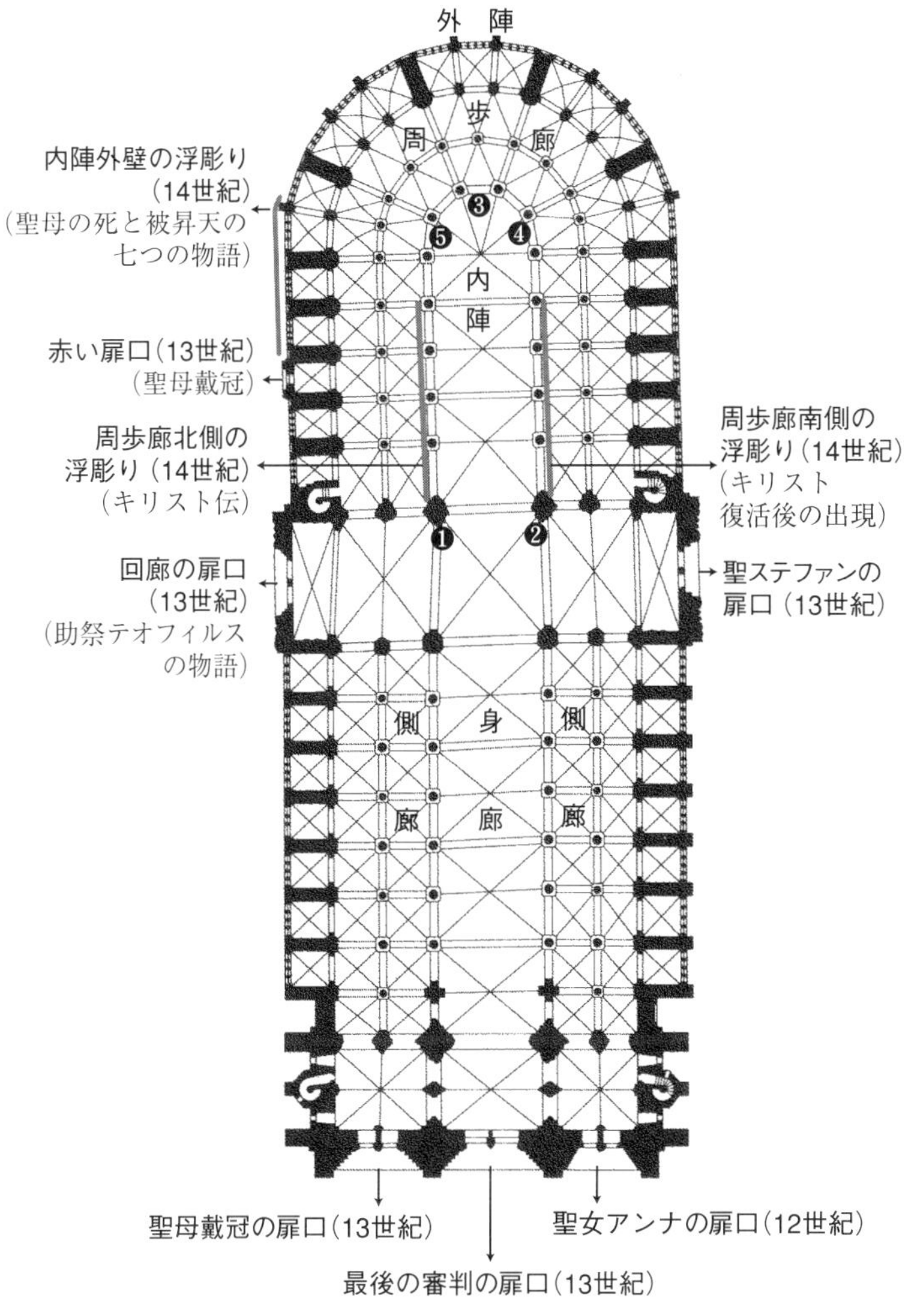

❶聖ドニ像（N.クストー作）（17世紀）
❷「パリの聖母像」（14世紀）
❸ピエタ（A.コワズヴォ作）（17世紀）
❹ルイ13世像（G.クストー作）（17世紀）
❺ルイ14世像（A.コワズヴォ作）（17世紀）
［M.Aubert著『Notre-Dame de Paris』による］

付録2　西正面図解

ノートル・ダムの怪物群（19世紀）
バラ窓（13世紀）
王のギャラリー（19世紀）
聖母戴冠の扉口
最後の審判の扉口
聖女アンナの扉口
タンパン・楣・弧帯（13世紀）
人像円柱（19世紀）
タンパン・楣上層・弧帯（13世紀）
楣下層・人像円柱（19世紀）
美徳と悪徳（13世紀）
タンパン・楣《まぐさ》上層（12世紀）
楣下層（13世紀）・弧帯（12〜13世紀）
人像円柱（19世紀）

付録3　聖女アンナの扉口図解

付録4　最後の審判の扉口図解

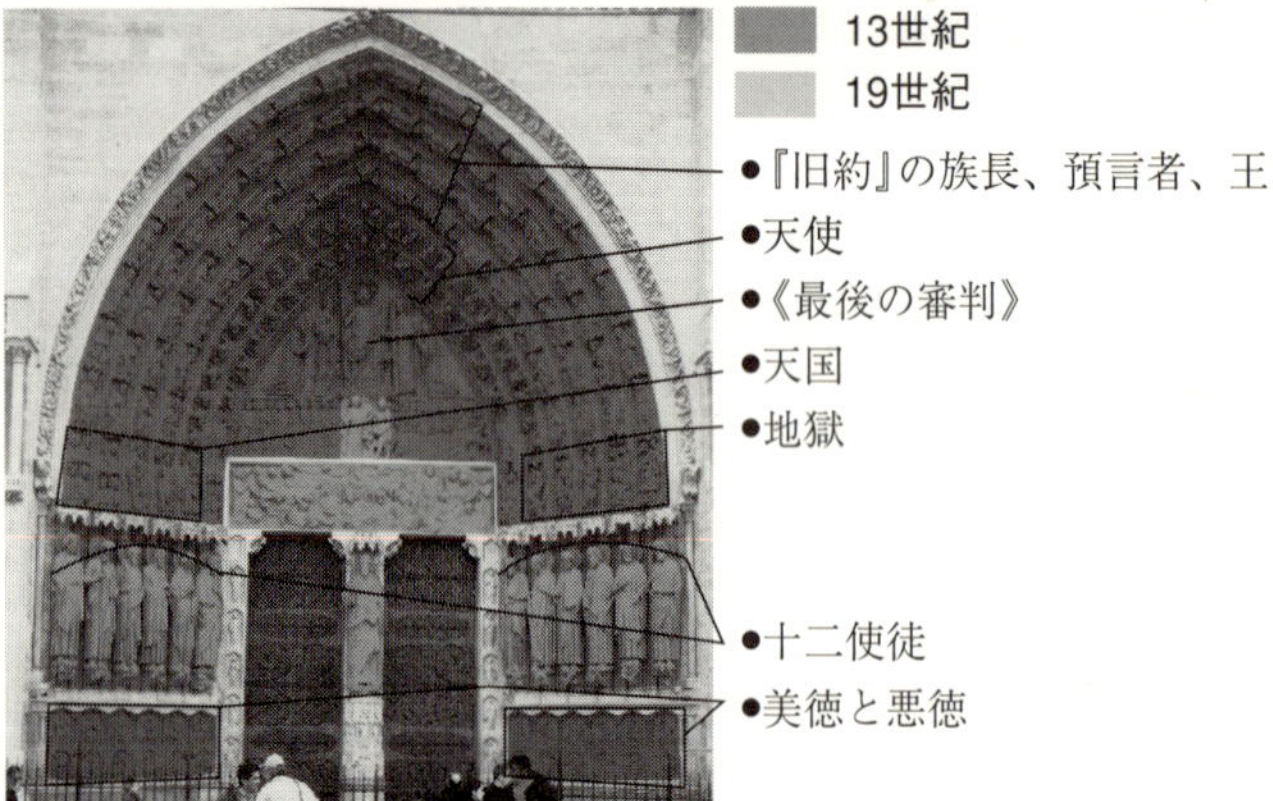

付録5　聖母戴冠の扉口図解

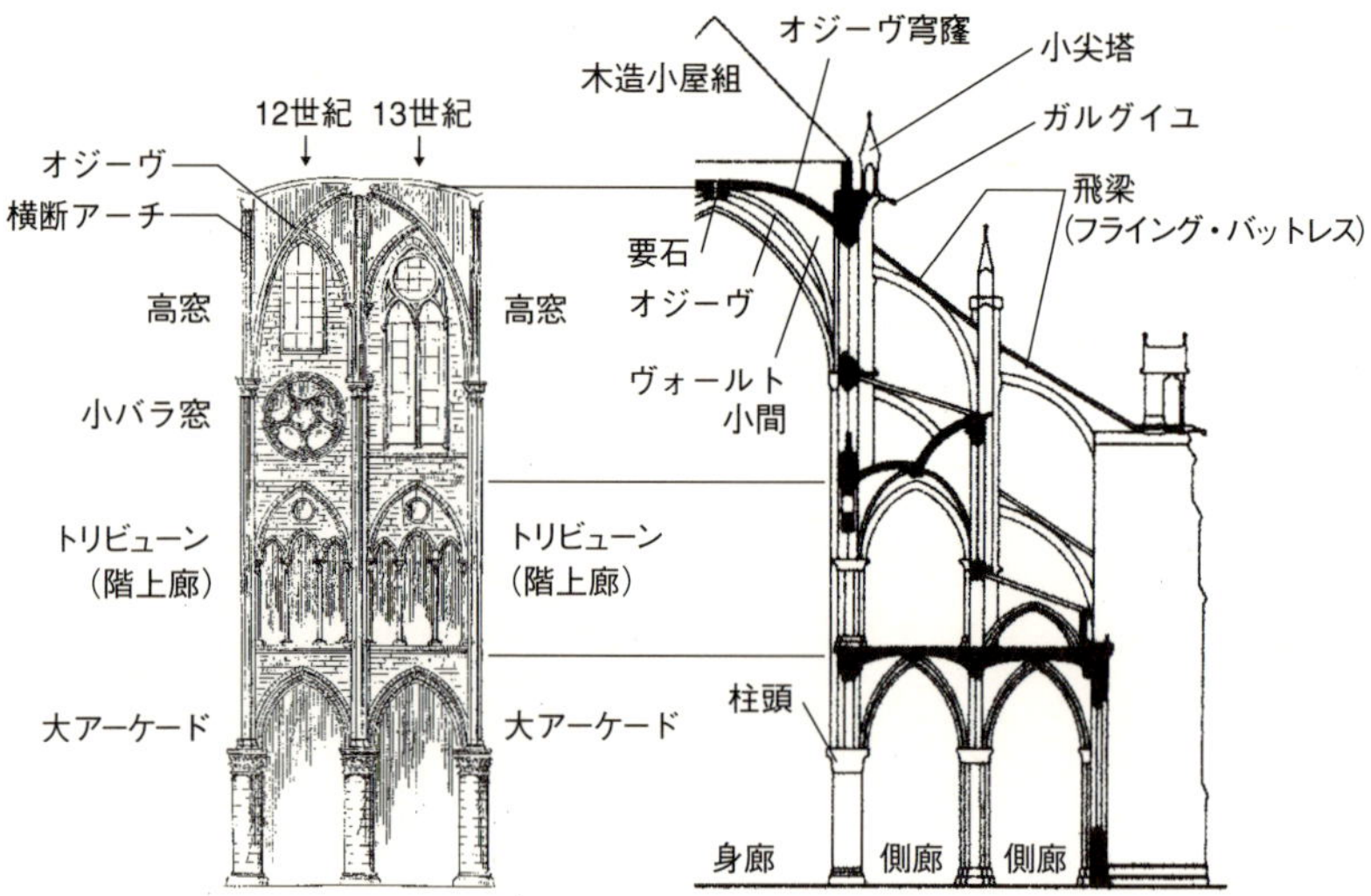

三層構成 (パリ大聖堂)

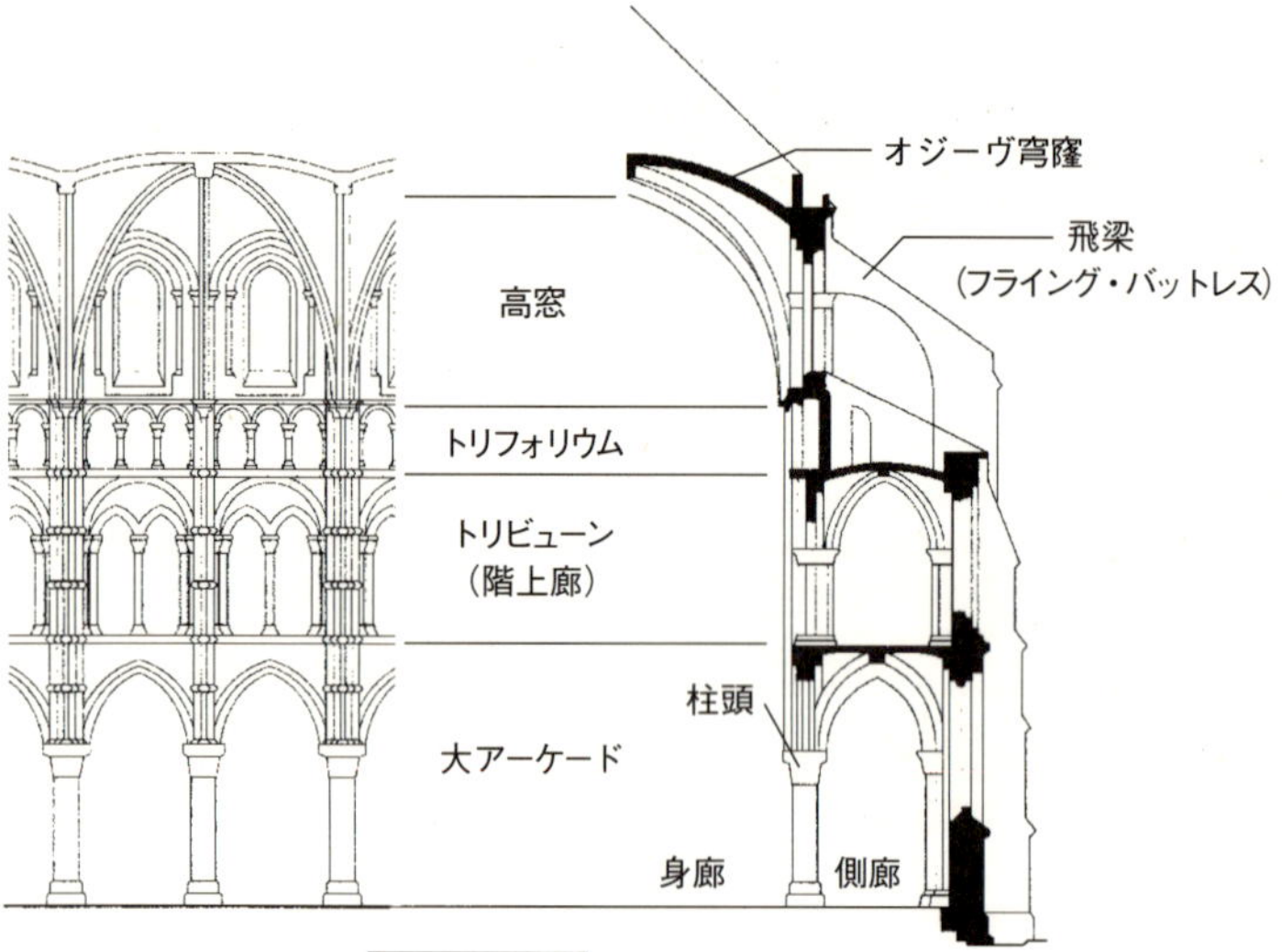

四層構成 (ラン大聖堂)

参考文献

I

A.Maurois, *Histoire de la France,* （A・モロワ、平岡他訳『フランス史』新潮社　一九五三）

Abbé Lebeuf, *Histoire de la ville et de tout le diocèse de Paris,* Paris. 1883.

Dom Jacques Dubois, *L'Organisation primitive de l'église de Paris du IIIe au Ve siècle, Cahiers de la Rotonde, NoII,* 1988.

E. R. Curtius, *Die Französische Kultur, eine Einführung,* 1930.（E.R.クゥルツィウス、大野俊一訳『フランス文化論』みすず書房　一九七七）

Francis Salet, *Notre-Dame de Paris, État présent de la recherche, Sauvegarde de l'art français, No.2* (1982)

G.Duby et R. Mandrou, *Histoire de la civilisation française, Paris,* 1958.（G.デュビィ・R.マンドルー、前川貞次郎他訳『フランス文化史1』人文書院　一九六九）

J.J. Hatt, *Les Monuments gallo-romains de Paris et les origins de la sculpture votive en Gaule romaine. Revue archéol.,* XXXIX, 1952.

J.Markale, *Le christianisme celtique et ses survivances populaires,* Paris, 1983

Jean Hubert, *L'Art préroman,* Chartres,1974.

Marcel Aubert, *Notre-Dame de Paris, Sa place dans l'architecture de XIIe au XIVe siècle, 2e édition,* 1928.

Michel Fleury, *La Cathédrale mérovingienne Saint-Étienne de Paris, Mélanges Frqnz Pétri,* 1970

Paul-Marie Duval, *Paris antique, des origines au IIIe siècle,* Paris, 1961.

清水徹・榎本長兵衛監修『フランス』新潮社　一九九三

II

Abbot Suger and Saint-Denis, *A Symposium, Edited by P.L.gerson,* New-York,1986.

C. Bruzelius, *The Construction of Notre-Dame in Paris, Art bulletin,* 1987.

C. Hardy, *Les roses dans l'élévation de Notre-Dame de Paris, Bulletin monumental,* 1991.

E. Panofsky, *Abbot Suger…, Princeton,* 1946.

E. Panofsky, *Gothic Architecture and Scholasticism,* 1951.

J. de Voragine, *La legende dorée,* Paris, 1967.

J. Gimpel, *Les batisseurs des cathédrales,* Pris, 1958.（J・ジャンペル著　飯田喜四郎訳『カテドラルを建てた人々』鹿島出版社　一九六九）

Jean Lafond, *Les Vitraux de Notre-Dame de Paris, Corpus vitrearum medii aevi,* France,vol.I, Paris, 1959.

M. Aubert, L. Grodecki, J. Lafond et J. Verrier, *Les Vitraux de Notre-Dame et de la Sainte-Chapelle,* Paris,1959.

M. Guinguand, *Notre-Dame de Paris, ou la mage des templiers,* Paris, 1972.

Marcel Aubert, *La Cathédrale Notre-Dame de Paris, Notice historique et archéologique,* Paris, Firmin-Didot, nouvelle édition,1945.

P. Frankl, *Gothic architecture,* Penguin Books, 1962.

P. Frankl, *The Gothic, Literary Sources and Interpretations through Eight Centuries,* Princeton, 1960.

Pierre Du Colombier, *Notre-Dame de Paris,* Mémorial de la France, Paris, Plon, 1966.

Pierre- Marie Auzas, *Les Grandes Heures de Notre-Dame de Paris,* Paris,Edit. Tel, 1951.

R. Branner, *Paris and the origins of rayonnant architecture down to 1240, The Art Bulletin,* XLIV, mai 1962.

R. Branner, *St Louis and the Court Style in Gothic Architecture,* Paris, Zwemmer, 1965.

S. Mc. K. Crosby, *L'Abbaye royale de Saint-Denis, New Haven,* 1953.

S. Mc. K. Crosby, *The Royal Abbey of St.-Denis, from its Beginnings to the Death of Suger,* 475-1151, Yale University

Press,1987.
W .W.Clarck et R. Mark, *The First Flying Buttresses : A New Reconstruction of the Nave of Notre-Dame de Paris, The Art Bulletin,* 1964.
W. Anderson, *The rise of the gothic,* London, 1985.
馬杉宗夫著『大聖堂のコスモロジー』講談社現代新書　一九九二
馬杉宗夫著『シャルトル大聖堂』八坂書房　二〇〇〇

Ⅲ

A. Erlande-Brandenburg et D. Kimpel, *La Statuaire de Notre-Dame de Paris avant les destructions révolutionnaires, Bulletin monumental,* 1978.
A. Erlande-Brandenburg, *Le Jubé de Notre-Dame de Paris, Bulletin de la société nationale des antiquaires de France,* 1975.
A. Erlande-Brandenburg, *Les Remaniements du portail central de Notre-Dame de Paris, Bulletin monumental,* 1971 et 1974.
A. Erlande-Brandenburg, *Une tête de prélat provenant du portail du Couronnement de la Vierge à Notre-Dame de Paris, Revue du Louvre et des Musées de France,* 1986.
A.Erlande-Brandenburg et D. Thibaudat, *Les Sculptures de Notre-Dame de Paris au musée de Cluny,* Paris, R.M.N.,1982.
A. Erlande-Brandenburg, *Les Rois retrouvés,* Paris, Cuénot, 1977.
A. Katzenellenbogen, *Allegories of the virtues and vices in medieval art,* London, Warburg Institute, 1938.
D. Gillerman, *The Cloture of Notre-Dame and its Role in the Fourteenth Century Choir Program,* New York, London, 1977.

Fulcanelli, *La Mystère des cathédrales..., nouvelle édition,* 1957.
J. Fournée, *La jugement dernier,* Paris, 1964.
J. Longère, *La prédication des maîtres parisiens durant la seconde moitié du XIIe siècle,* Paris, 1974.
J. Martin-Bagnaudez, *Les représentations romanes de l'avare, étude iconographique,* 《Revue d'histoire de la spiritualité》 1974.
J. Thirion, *Les Plus Anciennes Sculptures de Notre-Dome de Paris, Comptes-rendus de l'Académie des Inscriptions et Belles-Lettres,* 1970.
Marcel Aubert, *La Clôture du chœur de Notre-Dome de Paris,* 1960.
Paul Carus, *The History of the Devil,* （P・ケーラス、船木裕訳『悪魔の歴史』青土社、一九九四）
W. Sauerländer, *Die kunstgeschtliche Stellung der Westportale von Notre-Dame de Paris, Marburger Jahrbuch für Kunstwissenschaft,* XVII, 1959.
W. Sauerländer, *Die Marienkrönungsportale von Senlis und Mantes, Wallraf-Richartz Jahrbuch,* XX, 1958.
W. W. Clarck et F. M. Ludden, *Notes on the Archivolts at the Sainte-Anne Portail of Notre-Dame de Paris, Gesta,* vol. XXV, 1986.
Y. Christ, *Jugements derniers,* Paris, 2001.
矢崎美盛著『アヴェマリアーマリアの美術』岩波書店　一九六三

Ⅳ・Ⅴ

D. R. Reiff, *Viollet-le-Duc and Historic Restoration. The West Portals of Notre-Dame, Journal of the Society of Architectural Historians,* vol.XXX, 1971.
Émile Mâle, *L'Art religieux du XIIIe siècle en France,* 1923.
J. B. Benton, *Saintes terreurs, les gargouilles dans l'architecture médiévale,* Paris, 1997.

J. G. P. von Hohengollern, *Die Königsgalerie der französischen Kathedrale*, München, 1965.

J. Mallion, *Victor Hugo et l'art architectural*, Grenoble, 1962.

M. Camille, *Images dans les marges*, Paris, 1997.

P. de Colombier, *Notre-Dame de Paris, Mémorial de la France*, 1966.

Victor Hugo, *Notre-Dame de Paris*, Ire édition en 2 vo., 1831.

Viollet-le-Duc, *Dictionnaire raisonné de l'architecture francaise du XIIe au XVIe siecle*, Paris, 1858-75.

馬杉宗夫著『大聖堂のコスモロジー』講談社現代新書　一九九二

馬杉宗夫著『黒い聖母と悪魔の謎』講談社現代新書　一九九八

あとがき

パリの中心シテ島の中にあるノートル・ダム大聖堂は、意外と未知の領域が多い。パリを代表する建物として、誰しもノートル・ダム大聖堂を想起するであろう。世界中の人々の憧れの都市のもっとも有名な建物だとすれば、それは、世界中で一番有名な建物ということになる。実際、旅行シーズンになると、静寂な祈りの場所も、雑踏の巷になる。

ところが、その真の姿はあまり知られていない。ある人々は、それを中世ゴシック建築の典型として感嘆してみたり、または少し知識のある人々は、その装飾のほとんどは、一九世紀の修復によるものであると、冷めた眼で見ているかもしれない。

たしかにパリのノートル・ダム大聖堂は、一八世紀の「良き趣味」の時代や、フランス革命時の人々により、その多くは破壊された。それゆえ、大聖堂内部を飾る彫刻や、内部のステンドグラスは、一九世紀に建築家ヴィオレ・ル・デュックによる復元（修復）部分が多いのである。

しかし、一二、一三、一四世紀と三世紀にわたる彫刻の歴史は、なおそこに跡づけられる。すなわち、破壊されることなく、歴史の荒波に耐えてきた彫刻群が多いのである。それゆえ、われわれは、まず中世時代の部分と、フランス革命後の復元部分を区別しなければならない。人々の眼には、すでに一九世紀の復元部分すら色褪せ、もともと中世以来あった部分と、復元部分との区別がつかなくなっているからである。一九世紀の修復・復元については、第四部で詳細に語ったつもりであるし、個々の章でも触れている。

さらに問題なのは、西欧最大の都市の、かくも有名な大聖堂でありながら、なおその起源からはじめとし、その歴史は曖昧なのである。とくに、もともとあった、サンテティエンヌ聖堂との関係、第二聖堂の年代とその進行過程、そしてそれと現代の第三大聖堂との関係。そのうえ、現在の第三番目にあたる大聖堂も、一一六三年に最初の石が置かれたという旧来の説も、今日では根拠がなくなってきている。

しかし、こうした考古学的諸問題を越え、パリのノートル・ダム大聖堂は、世界中の人々を魅了し続けてきたのである。人々は、大聖堂の西正面に立ったとき、または東側にまわり、蜘蛛の足のような飛梁（フライング・バットレス）によって左右を支えられた外陣部を見るとき、まさに他の大聖堂にはない比類なき均衡感に打たれる。とくに、大聖堂の南側に接続する公園を通りすぎ、東側からそれを見上げたときの感動は語り尽くせない。その均衡感こそが、人々に日常の雑事を忘れさせ、心のやすらぎを与えるのである。パリ大聖堂は美しいのである。

大聖堂内部は、近年観光客で満ちあふれ、列をなしてしか入れないことが多い。それゆえ、田舎の聖堂のように、ひとり静かに内部空間を独占できないのは残念である。しかし、雑踏の中でも、その荘厳な空間は伝わってくる。人々を多く収容するために、異例のプランと壁面構成を採用したため、内部はかなり暗い。修復が多いとは言え、南・北のバラ窓から入る多彩色の光は、大聖堂内をこの世ならぬ雰囲気にさせる。天をもゆさぶるようなパイプオルガンの音が鳴り響くや、それは、わずかな香の匂いとともに、ますます人々を異次元の世界へと導くのである。林立する円柱群も天上への上昇感をあおっている。やはりパリ大聖堂は、偉大で荘厳なモニュメントなのである。

「灯台もと暗し」というのか、パリに五年以上も住んでいたのに、本書の執筆依頼を受けたとき、パリ大聖堂の写真をあまり撮っていない事に気づいた。あまりにも身近にあるという安心感で、結局帰国するまで、まともに撮影をしなかったのである。ただ帰国前日には、高所恐怖症にもかかわらず、パリ大聖堂の塔まで登り、今生の別れとばかりに、二時間以上もパリ市内を眺めていたのを覚えている。ノートル・ダム大聖堂は、著者にとっては、パリの象徴的存在だったのである。

第四章の「王のギャラリー」と「ノートル・ダムの怪物群とガルグイユ」は、かつて書いた文章に手を入れて掲載した。両者ともに、パリのノートル・ダム大聖堂を語るとき、無視できない要素なので、あえて取りあげさせてもらった。

建築の部分名はわかりにくいので、なるべく図解を入れるよう努めた。個々の扉口彫刻も、復元部分とオリジナルの部分がすぐに分かるように図示した。作製した編集部の八坂立人氏には感謝している（付録に収載）。

なお、地名、人名は現地語を主としながら、日本で慣用になっているものは、それを用いた。

本書により、パリのノートル・ダム大聖堂や、西欧中世美術に興味を持たれる人々が増えることを期待している。そして、同社で前回出版した『シャルトル大聖堂』（二〇〇〇年）、『ロマネスクの美術』

（二〇〇一年）、さらには次回出版予定の『ゴシック美術』をあわせて読んでいただければ、西欧中世美術への興味や理解はかなり高まるものと確信しているのであるが……。

著者

セーヌ川よりパリのノートル・ダム大聖堂西正面を望む

著者略歴

馬杉宗夫（うますぎ　むねお）

1942年広島県生まれ。
1967年、東京芸術大学芸術学科修士課程修了。
1974年、パリ大学付属考古学研究所博士課程修了。
現在、武蔵野美術大学教授。
主な著書
『ロマネスクの旅』（日本経済新聞社）
『スペインの光と影』（同上）
『世界の聖域15・シャルトルの大聖堂』（講談社）（共著）
『大聖堂のコスモロジー』（講談社現代新書）
『黒い聖母と悪魔の謎』（同上）
『シャルトル大聖堂』（八坂書房）
『ロマネスクの美術』（同上）など

パリのノートル・ダム

2002年6月26日　初版第1刷発行

著　者　馬　杉　宗　夫
発行者　八　坂　安　守
印刷・製本　モリモト印刷（株）

発行所　（株）八　坂　書　房
〒101-0064 東京都千代田区猿楽町1-4-11
TEL.03-3293-7975　FAX.03-3293-7977
郵便振替　00150-8-33915

ISBN4-89694-497-6

関連書のご案内

シャルトル大聖堂
—ゴシック美術への誘い—

世界遺産・ゴシック美術の宝庫！

均整のとれた双塔をもつ建物、神々しい彫刻群や、神秘の輝きに満ちたステンドグラス。歴史的、芸術的に質の高い作品群がひしめきあっているシャルトルのすべてをカラーを含む150点以上の写真とともに詳述。

馬杉宗夫著
A5判上製　定価：3,600円+税
本文192ページ+カラー口絵8ページ